Die **50** größten
Bio-Lügen

Die gängigsten Irrtümer rund um glückliche Kühe & gesunde Geschäfte

Titel: Groll, Loitzl – Die 50 größten Bio-Lügen

© 2007 by Hubert Krenn VerlagsgesmbH / Wien
        www.hubertkrenn.at

Lektorat: Sascha Schipflinger
Fotos: Bildarchive von Hubert Krenn VerlagsgesmbH und Barbara Schneider-Resl,
        PhotoDisc, www.photocase.com
Umschlag: Peter Furian und Georg M. Thellmann – www.furian.at
Layout und Satz: Barbara Schneider-Resl
Druck und Bindung: Druckerei Theiss GmbH, A-9431 St. Stefan

978-3-902532-29-9

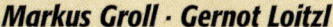

Markus Groll · Gernot Loitzl

Die 50 größten Bio-Lügen

Die gängigsten Irrtümer rund um glückliche Kühe & gesunde Geschäfte

- Bio macht gesund?
- Kühe ohne Ketten?
- Länger frische Bio-Milch?
- Öko-Schwindel beim Diskonter?
- Klimaretter Bio-Diesel?
- Naturkost unter Kontrolle?

KRENN

INHALT

INHALT

Landwirtschaft: Grüne Erde **89**

Was die Bio-Bauern versprechen –
und was sie halten können.

Non-Food: Besser leben **125**

Wer aller mit dem Zusatz „Bio" wirbt –
aber wenig damit zu tun hat.

Die 50 größten Bio-Lügen

Bio boomt, und grundsätzlich gilt für uns: Bio ist zwar **teurer**, aber auch **sympathischer** als die vergleichbare konventionelle agrarische Wirtschaftsweise. Das soll Sie, liebe/r Leser/in, trotz des kritischen Buchtitels nicht verwundern. Wir glauben – so wie immer mehr Konsumenten – an das Gute im Menschen, den Vorrang der Natur und daran, dass Qualität ihren Preis hat. Bio schmeckt scheinbar besser, es fühlt sich gesünder an und es soll nachhaltiger in der Produktion sein.

▶ **Wir lieben Bio.**
Aber wir lassen uns nicht gerne verarschen.

In der wirtschaftlichen Praxis sieht es nämlich so aus: Der erzielbare Preis für Bio-Ware im Supermarkt oder Naturkostladen und die Bereitschaft der Konsumenten, sich diesem Niveau auch widerspruchslos unterzuordnen, veranlasst einige Marktteilnehmer zu Praktiken, die hinterfragt gehören. Da gibt es die **Trittbrettfahrer**, konventionelle Produzenten (Händler, Verarbeiter), die sich ein grünes Mäntelchen umhängen, um an dem Boom mitnaschen zu können. Und die **Schwarzfahrer**, an sich echte Bios, die in bestimmten Bereichen ihrer Produktionskette oder -palette tricksen, um die Gewinnspanne zu erhöhen. Dann gibt es noch die **Sonntagsfahrer**, die aus mangelnder Professionalität und Naivität eigentlich versprochene und vorhandene Vorteile bei der Produktion kaputt machen. Der Konsument wird von allen dreien angelogen, denn er zahlt höhere Preise ohne entsprechenden Mehrwert.

Das Buch „Die 50 größten Bio-Lügen" schadet der Bio-Sache nicht, auch wenn wir keinen Grund haben, sie besonders zu fördern. Es leistet einen Dienst an ihr: Denn der Konsument, der nach nicht erfüllten Versprechen beim realen Bio-Konsum enttäuscht wird – etwa, weil er nicht sofort gesünder wird, glückliche Kühe angebunden im Stall stehen sieht oder ratlos vor einer Handvoll Bio-Siegeln steht –, der ist als Käufer für die Bio-Branche verloren. Und das kann nicht im Sinne der Sache sein. Das gilt übrigens vice versa auch für Fitness(-Lügen), Diät(-Lügen) oder Wein(-Lügen), die in weiteren Büchern aus dem Krenn-Verlag behandelt werden.

Wir vergleichen die Bios nicht mit der konventionellen Landwirtschaft, dem beliebtesten Spiel innerhalb der Branche. Dies hatte früher seine Berechtigung, vergleicht aber mittlerweile eher Äpfel mit Birnen. Denn konventionelle Landwirtschaft spielt in einer anderen Liga, ist mit anderen Erwartungshaltungen der Konsumenten konfrontiert – und verlangt auch einen anderen Preis. Zur Verdeutlichung ein Beispiel aus der Autobranche: Kein Konsument würde beim Kauf eines Pkw anklagend einem – sagen wir: Skoda vorwerfen, dass der Überzugsstoff der Sitze dünner oder der Wertverlust höher sei. Wer mehr will, muss eben Mercedes kaufen und bezahlen. Und Mercedes wird entweder an seinen Werbeversprechen gemessen oder an echter Konkurrenz. Wir messen die Bios an ihren eigenen Ansprüchen, die sie an sich und die Konsumenten stellen. Des Öfteren genügen sie dabei leider nicht.

Die „50 größten Bio-Lügen" sind auch kein Appell an die Bio-Vermarkter,

sich zurückzunehmen. Gutes Marketing besteht nun einmal darin, Botschaften an den Käufer zu bringen. Aus ihrer Sicht machen die Bios vieles richtig – die Abgrenzung zur konventionellen Szene könnte durchaus härter akzentuiert werden, um das eigene Profil zu schärfen. „Die 50 größten Bio-Lügen" bieten allerdings den solcherart umgarnten Käufern eine Argumentation zur gedanklichen Notwehr. Und solange dieses argumentative Kräfteverhältnis ausgewogen ist, hat der mündige Konsument die Chance auf freie Entscheidung. Alles andere hätte auch einen autoritären Touch. Und tatsächlich sind manche Aspekte innerhalb der Bio-Lobby durchaus als nicht ganz astrein demokratisch zu bezeichnen: die Tendenz zu Monopolen, zu einsamen Entscheidungen auf Verbandsfunktionärsebene, zum Besserwissertum, zur Wettbewerbsbehinderung. In diesem Sinne hat Aufklärung wie „Die 50 größten Bio-Lügen" auch einen demokratiepolitischen Aspekt.

Die Zielgruppe für das Buch ist also äußerst breit gestreut. Bezogen auf den engeren Lebensmittelhandel spricht es Kenner der Szene und bewusste Bio-Konsumenten an, die mehr Insiderinformation erwarten – und erhalten. Zum anderen spricht es die Gruppe der unsicheren Konsumenten mit schlechtem Gewissen an, die an sich mit Bio sympathisieren, aber aus Kostengründen doch konventionell einkaufen und sich eine Entscheidungshilfe erhoffen – und bekommen. Zum anderen zielt es auf die Bio-Skeptiker, die eine Bestätigung ihrer Skepsis suchen – und ebenfalls nicht enttäuscht werden.

Aber zuallererst wünschen wir uns, dass das Buch Spaß macht beim Lesen, ein paar erhellende Aha-Momente ermöglicht und letztlich einen unverkrampften Blick auf die Bio-Szene eröffnet, auf das, was sie kann und was nicht. Nur auf dieser Basis wäre der Bio-Boom nachhaltig garantiert – und Nachhaltigkeit stellt ja ein Kernthema der biologischen Wirtschaftsweise dar. Wehleidigkeit der Kritisierten der Kritik gegenüber erachten wir als fehl am Platz: Denn wer seinen höheren Glaubwürdigkeitsbonus dermaßen in Anspruch nimmt und in Rechnung stellt, muss sich härtere Fragen gefallen lassen als die konventionelle Lebensmittelproduktion, der Konsumenten von vornherein eine gewisse Schwankungsbreite bei ihren (Werbe-)Aussagen unterstellen. Das empfundene Ausmaß einer Lüge orientiert sich immer auch an der (mitproduzierten) Erwartungshaltung des Angelogenen.

Markus Groll, Gernot Loitzl

Besser essen

Welcher innere Mehrwert wissenschaftlich Bestand hat – und welcher nicht.

Nichts wird so akribisch untersucht wie der innere Mehrwert von Bio-Lebensmitteln. Zu Recht. Denn lange bevor die Wissenschaft noch ihren Sanktus dazu geben kann, über-schlagen sich manche Hersteller bereits mit Versprechen zu Gesundheit, Glück und Wohlergehen für den Fall einer Umstellung auf biologische Ernährungsweise. Das innere Leuchten einer Bio-Kartoffel aus der Biophotonenanalyse schlägt sich quasi in erhellenden Lebensumständen glücklicher Konsumenten nieder.

Dieses Kapitel soll dagegen ein wenig Licht in das Dunkel hinter diesen Botschaften bringen. Denn wer die Studien der Wissenschafter zu einzelnen Nahrungsmittelbestandteilen kritisch durchforstet, kommt drauf, dass sie keineswegs jene besonderen Trägerraketen für Vitaminbomben sind, als die sie verkauft werden – zumindest nicht mehr als jedes andere Gemüse auch, solange es nur standortgerecht angebaut, reif geerntet und schnell verarbeitet wird. Das hat viel mit handwerklichen Qualitäten der Lebensmittelproduktion zu tun und wenig mit der Anbaumethode. Kein Wunder, dass streng wissenschaftlich auch der Nachweis bisher nicht erbracht werden konnte, dass es exakt die Bio-Kost ist, die den Menschen gesünder macht, zumindest nicht gesünder als jede andere ausgewogene kaloriengerechte Ernährungsweise auch.

Dennoch suggerieren viele Werbebotschaften aus dem Bio-Eck genau diesen kausalen Zusammenhang zwischen Bio und Gesundheit. Aus Marketingsicht sicher zu Recht, denn nichts wird vom Konsumenten auch so gerne geglaubt. Und immerhin – wer daran glaubt, bei dem wirkt es vielleicht auch. Auch ein Placebo hat seine Berechtigung. Mündige Konsumenten aber wollen eigenverantwortlich Entscheidungen treffen – und auch das ist ein Akt der Gesundheit, der Psychohygiene.

Trägerrakete für Vitaminbomben?

Der Vitaminvorteil von Bio ist nicht gesundheits-relevant – so es ihn überhaupt gibt.

Wenn es so etwas gibt wie die Wunder-wuzzis der Ernährung, dann sind es die Vitamine – ihnen wird so gut wie alles zugetraut. Eine Überbetonung, hervorgerufen durch den bedrücken-den Vitaminmangel mittels einseitiger Ernährung nach dem Zweiten Welt-krieg. Und so ist es kein Wunder, dass ein vermeintlicher Vitaminvorteil zu einem der zugkräftigsten Argumente für Bio-Produkte geworden ist.

Das Argument hat zwei Haken: Erstens ist der damit oft implizierte Umkehrschluss, durch Nicht-Bio-Pro-dukte entstünde ein Vitaminmangel, genauso wenig haltbar wie etwa die Annahme, unsere Böden seien bereits so „leer und ausgelaugt", dass nur künstliche Vitaminpräparate eine aus-reichende Fitness garantieren könn-ten[1] – im Gegenteil, bei ausgewo-gener Ernährung ist in Europa eher mit einer Überversorgung durch Vitamine zu rechnen, zeigte etwa eine Studie des Robert-Koch-Instituts, Deutschland (ausgenommen Vitamin D und Folsäure).[2] Und zweitens ist sich die Wissenschaft über das Ausmaß des Vitaminvorteils bei Bio keineswegs sicher – so es ihn überhaupt gibt. Ein Literaturüberblick Schweizer Bio-

Forscher im Jahr 2001[3] etwa listete drei Studien auf, die einen Vitaminvorteil für Bio sahen – fünf Studien aber fan-den keinen. Immerhin: Keine Studie ergab, Bio wäre schlechter ...

Die Schwierigkeit, exakte Vergleichs-angaben zu machen, hat viele Ursachen. Zum einen differiert der Vitamingehalt von Obst und Gemüse weit eher nach Kriterien wie Standort, Reifegrad, Liegedauer, Sorte, Sonneneinstrahlung der Obst- oder Gemüseprodukte als nach ihrer Produktionsweise. Wer scharf auf Vitamin C aus Äpfeln ist, findet es beispielsweise eher in der Sorte Braeburn als in Golden Delicius, unabhängig ob bio oder nicht, wird Jürgen Kundke vom Bundesinstitut für Risikoforschung in Berlin in einem Artikel der angesehenen Wochenzeitung „Die Zeit" zitiert.[4]

▶ Bioäpfel: kein Vitaminplus

Vorsichtig ist auch die Ernährungs-wissenschafterin Ingrid Kiefer von der Medizinischen Universität Wien. Nach einer Auswertung von 128 inter-nationalen Studien kommt sie 2006 bestenfalls zu dem Schluss, dass Bio in Sachen Vitaminen den konventionel-len Produkten nicht nachsteht[5] – was

nicht gerade dem vielfach vermarkteten Image von Bio als Trägerrakete
für Vitaminbomben entspricht und den
durchaus gegen gutes Geld verkauf-
ten Mehrwert etwas relativiert. Kiefer:
„Vielfach waren die Bio-Varianten die
Vitamin-Kaiser, manchmal die konventionell angebauten, und manchmal
gab es einfach gar keinen Unterschied."
So etwa will eine groß angelegte
Studie über Äpfel des schweizerischen
Forschungsinstituts für Biolandbau
(FIBL) im Jahr 2000 „signifikante
Anbauunterschiede" zwischen bio und
konventionell gefunden haben – aber
ausgerechnet bei den Vitaminen C, E
oder dem Mineralstoff Selen nicht.[6]

Wenn Unterschiede gefunden werden, sind sie oft weder groß noch
gesundheitlich relevant, auch wenn es
nominell, sagen wir einmal, etwa zehn
Prozent sind: So etwa beziffern die
FIBL-Forscher in einem Artikel den
Unterschied zwischen Bio-Karotten
und konventionellen Karotten gerade
einmal mit 90,9 zu 102,6 Milligramm
Vitamin C je 100 Gramm Trockenmasse
(aus einem langjährigen Feldversuch).[7]
Nur zum Vergleich: Damit würden
beide Portionen den empfohlenen
Tagesbedarf an Vitamin C (je nach
Quelle zwischen 30 Milligramm – nach
britischen Empfehlungen – und 100
Milligramm – Deutsche Gesellschaft

für Ernährung)[8] abdecken – rechnerisch, denn „Trockenmasse" liegt selten isoliert am Teller. Bezüglich Vitaminversorgung viel wichtiger als die Entscheidung bio oder konventionell: die Zubereitung. Wer die Karotten ein paar Minuten zu lange kocht und dann offen länger warmhält, vernichtet das Vitamin C bis zu 80 Prozent![9]

Das würde auch den kleinen Vorteil von Bio-Weißkraut zunichtemachen, das einzige Gemüse, für das in einer umfassenden Literaturrecherche[10] (170 Arbeiten) im Auftrag des größten österreichischen Bio-Verbandes Bio Austria immerhin um 30 Prozent höhere Vitamin-C-Werte dingfest gemacht werden konnten.

Kein Wunder, dass sich unter Bio-Forschern der äußerst vorsichtige Sprachgebrauch von „tendenziell höheren" Vitamin-Gehalten für Bio-Ware eingebürgert hat. Denn eines ist klar: Wer nur um seinen Vitaminhaushalt besorgt ist, sollte zuallererst einmal überhaupt nach frischem Obst und Gemüse greifen. Und zwar als Ersatz für Junkfood, verarbeiteten Fertigprodukten und fett- und zuckerreichen Süßigkeiten. Wer dies bereits verinnerlicht hat – bei dem könnte sich bio auszahlen, da sich dann der Mehrwert einer reduzierten Schadstoffbelastung als zusätzliches Goodie positiv in der Ernährungsbilanz niederschlägt.

Das sollten Sie wissen

- Wissenschaftliche Vergleichstests ergeben kein eindeutiges Bild über Vitaminvorteile von Bio-Produkten.

- Die Unterschiede im Vitamingehalt ergeben sich viel eher aus Sortenwahl, Reifegrad und Bodenbeschaffenheit sowie aus der Nahrungszubereitung.

- Mögliche Vorteile liegen in Größenordnungen, die gesundheitlich praktisch keine Relevanz haben. Zumal bei einer ausgewogenen, vielseitigen Ernährungsweise auch mit konventionellen Lebensmitteln in Europa kaum Vitaminmängel zu befürchten sind.

Gammelgemüse statt Chemiekost?

Hygieneprobleme bei Bio sind eher ein handwerkliches Problem – aber nicht unvermeidbar.

Der bei den Bios oft überdeutlich vermarktete Anspruch, nach alter handwerklicher Tradition zu produzieren, ist die psychologisch perfekte Antwort auf weit verbreitete, diffuse Ängste vor moderner Lebensmitteltechnologie – und wird daher in eben diesem Antagonismus werblich oft bis zur Konsumententäuschung verstärkt: Bio sei noch „unverdorben", lautet die gerne geglaubte Botschaft. Dabei sind etwa die Gefahren einer simplen Kolibakterienvergiftung durch verunreinigte Bio-Waren in Naturkostläden oder Bio-Märkten – wenn auch gering – noch weit realer als etwa die der Agrarindustrie zugeschriebenen Risiken rund um BSE, Gentechnik oder Vogelgrippepandemie.

▶ Verunreinigtes Getreide, schrumpelige Äpfel, verstaubte Kekse?

Die wenigen Untersuchungen, die sich systematisch mit der „handwerklichen" Qualität von Bio-Produkten beschäftigen, vermitteln kein eindeutiges Bild. Kritiker wie das Europäische Institut für Lebensmittel und Ernährungswissenschaften[1] mit dem Chemiker und bekannt polemischen Buchautor Udo Pollmer als Speerspitze („Risiko

Ernährungswende"[2]) dürfen sich genauso bestätigt fühlen wie Bio-Verteidiger, etwa die deutsche Geschäftsstelle Bundesprogramm ökologischer Landbau in Bonn („Bio – das natürliche Goodfood"[3]).

In der Anfangsphase des Bio-Booms dürften tatsächlich gerade vernachlässigte hygienische Grundregeln der Lebensmittelproduktion von ideologisch animierten Bio-Pionieren das größte Gesundheitsrisiko für Konsumenten dargestellt haben. Unterstützt wird diese Annahme etwa durch die Kritik des Direktors des amerikanischen Center for Global Food, Dennis Avery, der 1998 mit seinen „Verschmutzungsthesen" die Bio-Welt ordentlich aus dem Lot brachte[4]. Die Probleme zeigten sich damals etwa bei der – für das Gemüsesortiment eines Naturkostladens – zu komplizierten Frischwarenlogistik. Wer etwa aus Platzproblemen überreife Äpfel oder Bananen direkt neben Kiwis lagert, reduziert deren Haltbarkeit deutlich – beeinflussen doch das im Reifeprozess abgegebene Ethen und CO_2 auch die umliegende Ware. Auch konkrete hygienische Schwachstellen waren immer wieder ein Thema, wie sie etwa der der Gentechnik nahestehende Schweizer Arbeitskreis für Forschung und Ernährung InterNutrition noch heute in einer Literaturstudie mit Genuss auflistet[5]: 1990 wurde Patulin, ein Mykotoxin (Pilzgift), in biologisch produzierten Apfelsäften gefunden: Um den Faktor zehn mehr als in konventionellen Vergleichsproben. 1995 wurden Weizen- und Roggenproben auf das möglicherweise krebserregende, östrogene Deoxynivalenol (ebenfalls ein Pilzgift) untersucht: Bio-Roggen etwa wies den dreifachen Verschmutzungswert als konventioneller Roggen auf (427 µg/kg versus 160 µg/kg). Notabene: Der EU-Grenzwert für die tägliche Aufnahmemenge liegt bei 1 µg je Kilo Körpergewicht!

Mittlerweile allerdings hat sich die Branche professionalisiert. Vor allem die Einbindung der Bio-Waren in die Qualitätssicherungssysteme großer Supermarktketten garantiert dort in der Regel den gleich hohen Qualitätsstandard punkto Hygiene, Aussehen, Haltbarkeit etc. wie bei den konventionellen Produkten: Bio-Äpfel müssen knackig sein, Bio-Milch genauso haltbar wie konventionelle, und wer öfter mit Mehlwürmern in Getreide auftaucht, war die längste Zeit Bio-Lieferant – hoffentlich.

Und trotzdem passieren auch Bio-Verarbeitern manchmal Fehler: Bei einem großen Vergleichstest von Bio-Lebensmitteln in Deutschland Ende 2006[6] fand die deutsche Landwirtschaftsgesellschaft DLG hauptsächlich technologische Mängel „wie z.B. Füllfehler bei Würsten, Reifungsränder bei Rohwürsten, ungleichmäßig zerkleinerte Salate bei Convenience-Erzeugnissen sowie Mängel in der Würzung oder verpackungsbedingte Schäden an sensorisch fehlerfreien Produkten".

▶ Salmonellen in Bio-Ställen

Das ändert allerdings nichts daran, dass die biologische Produktionsweise systemimmanente „Schwächen" aufweist, die entweder durch besonderes handwerkliches Können ausgeglichen oder eben als „natürlicher Vorteil" akzeptiert werden müssen. So führt etwa das Verbot von Pilzbehandlungsmitteln natürlich zu einem größeren Risiko von Pilzbefall, das Verbot vorbeugender Medikamentenbehandlung zu einem stärkeren Risiko bei der Tiergesundheit oder die Ablehnung von chemischen Konservierungsmitteln zu einem schnelleren Verderben von Lebensmitteln. Bio-Kartoffel treiben schneller aus, einfach deswegen, weil sie nicht mit Keimhemmungsmittel wie

etwa Chlorpropham behandelt werden dürfen. Bio-Zitrusfrüchte wiederum werden in der Regel früher schimmelig, weil ihre Schalen nicht mit chemischen Präparaten wie Biphenyl (E230) oder dem Pestizid Thiabendazol (E233) behandelt werden dürfen (dafür ist die Schale essbar).[7] Und der in einigen Studien[8] festgestellte geringere Proteingehalt von Getreide (unter anderem wegen geringerer Düngung) zieht eben manchmal Probleme bei der Backqualität nach sich. Oder es kommt – wie zu Jahresende 2006 – zu einer Verunreinigung von Bio-Hirse durch giftige Stechapfelsamen – vermutlich bei der Hirseernte durch tief montierte Balken eines Mähdreschers, sagen Getreidehändler.[9] Eine Praxis, die aus der konventionellen Landwirtschaft mit wachstumsgehemmtem Getreide kommt und dort dank chemischer Herbizide keine Vermischungsgefahr mit Unkräutern nach sich zieht.

Und in diesem Sinne sind wohl auch folgende Untersuchungsergebnisse zu interpretieren: Untersuchungen des deutschen Bundesinstituts für Tiergesundheit 2006[10] haben etwa ergeben, dass ausgerechnet die Legenester aus Bio-Freilandhaltung eine wesentlich höhere Rate an Salmonellenverunreinigung aufweisen (32,9 Prozent) als jene bei konventioneller Bodenhaltung (ohne freien Auslauf für die Hennen) mit nur 21,9 Prozent. Zugegeben: Am stärksten verseucht waren konventionelle Käfige (46,3 Prozent). Eine Untersuchung der Universität Bonn in den Jahren 2002 bis 2004[11] wiederum konstatiert bei der biologischen Milchkuhhaltung im Vergleich zu konventionellen Betrieben „eine stärkere

Gefährdung der Eutergesundheit" – vorbeugende Verabreichung von chemisch synthetischen Tierarzneimitteln und Antibiotika sind bei biologisch gehaltenen Kühen im Gegensatz zu konventionell gehaltenen Kühen eben verboten. In Irland wiederum fanden Forscher Aeromonas-Keime (Fäulnisbakterien) auf 34 Prozent vom Bio-Gemüse[12]. Im Jahr 2000 fanden Schweizer Forscher sogar im Vergleich zur „Integrierten Produktion" – (eine Art „Bio-light") eine erhöhte Vielfalt an Erregern im Inneren von Bioäpfeln (während es außen keinen Unterschied gab).[13]

Das sollten Sie wissen

- Bio ist nicht automatisch „unverdorben": Fallweise kämpft die Branche stärker mit hygienischen und organisatorischen Problemen als ihr konventionelles Pendant.

- Der so genannte Eignungswert (versus Genusswert oder Gesundheitswert) von Bio-Produkten korreliert mit der Größe und Professionalisierung der Betriebe – beides zunehmend.

- Handwerkliche Fehler bei den Bios manifestieren sich schneller in schrumpligen Äpfeln, verunreinigtem Getreide und verstaubten Keksen als bei den konventionell arbeitenden Kollegen, die mit künstlich-chemischen Hilfsmitteln dagegenhalten.

An apple a day?

Ein spezieller Gesundheitsbonus von Bio-Lebensmitteln lässt sich am Menschen nicht nachweisen.

Zur Gesundheit sind schon vielen Leuten gescheite Sachen eingefallen. Ein gewisser Arthur Schopenhauer etwa formulierte im 18. Jahrhundert mit „Gesundheit ist gewiss nicht alles, aber ohne Gesundheit ist alles nichts" nur unwesentlich eleganter, was ein paar Jahrhunderte zuvor auch Heraklit weit direkter zum Sinnspruch erhob (vermutlich nach einer Grippe …): Erst Krankheit lässt den Wert der Gesundheit erkennen. Sigmund Freud wiederum deutete Gesundheit als die Fähigkeit, lieben und arbeiten zu können. Und vor allem Letzterem wird die Bio-Branche begeistert zustimmen: Ist doch die unbewusst oder bewusst ausgesandte Botschaft, dass gesünder ist, wer mehr Bio isst, eines der stärksten Verkaufsargumente mancher Öko-Marktstrategen. Allerdings: So schön es klingt, einen direkten kausalen Zusammenhang zwischen Verzehr von Bio-Lebensmitteln und besserer Gesundheit kann die Wissenschaft derzeit einfach nicht herstellen.

Das hat vor allem einen einfachen Grund. Die wissenschaftliche Forschung zu Bio-Lebensmitteln konzentriert sich derzeit vor allem auf die Analyse der Inhaltsstoffe. Und – so zeigte etwa eine Analyse 175 einschlägiger Studien durch die Wiener Universitätsprofessorin Alberta Velimirov im Jahr 2003[1] - dabei lassen sich durchaus Trends erkennen, nach denen Bio-Lebensmittel im Durchschnitt Vorteile bei qualitätsgebenden Inhaltsstoffen und externen Belastungsstoffen aufweisen. Aber: „Es gibt keinerlei Beleg dafür, dass sich ein Mensch gesünder ernährt, nur weil er ausschließlich Naturalien mit Bio-Zertifikat zu sich nimmt", zitiert die Wochenzeitung „Die Zeit" den deutschen Forscher Bernhard Watzl von der Bundesforschungsanstalt für Ernährung und Lebensmittel.[2] Ungesunde Nahrungsauswahl plus Bio-Lebensmittel bleibt schlicht ein ungesundes Ernährungsverhalten.

Erst ganz wenige Studien beschäftigten sich mit dem direkten Einfluss von Bio-Lebensmitteln auf die menschliche Gesundheit. Bekannt sind lediglich statistisch wenig aussagekräftige Einzeluntersuchungen wie die des deutschen Arztes Jörg Kalkhof[3] oder Mitgliederumfragen von Bio-Verbänden oder schlicht Untersuchungen mit gegenteiligen Erkenntnissen, wie eine schwedische Studie[4] aus 1999, die das geringere allergene Potenzial bei Waldorfschülern eben nicht eindeutig auf einzelne Faktoren der Lebensführung zurückführen konnte.

Auch die in den vergangenen Jahren öfters als Beweis zitierte so genannte „Klosterstudie" von Karin Huber und Nikolai Fuchs aus dem Jahr 2003[5] hält bei näherer Analyse den Anforderungen an wissenschaftliche Studien nicht stand und brachte trotz aller Bemühungen eher die Schwierigkeiten solcher Untersuchungen an den Tag. Huber und Fuchs beobachteten 31 Probanden (darunter 22 Nonnen des Franziskanerinnenklosters Heiligenbronn, Schwarzwald, Deutschland) vor, während und nach einer vierwöchigen Totalumstellung der Klosterküche auf Rohstoffe aus biologisch-dynamischer Landwirtschaft. Die wissenschaftlichen Kriterien nicht entsprechende Versuchsanordnung – die Studienleiter waren anwesend, den Probanden die Testphase bekannt, die Abläufe nicht wirklich normiert – lässt allerdings keine eindeutigen Interpretationen zu. Die messbaren Ergebnisse (Denksportaufgaben, körperliche Symptomatik, immunologische Parameter) waren zudem mager und blieben eher subjektive Verbesserungen einzelner Studienteilnehmer: Die Angaben zu körperlichen Beschwerden verbesserten sich während der Bio-Phase durchschnittlich (!) gerade mal von 2,5 auf zwei nach dem Schulnotensystem, in Einzelfällen erhöhte sich die Anzahl der so genannten „Killerzellen" usw.

„Bio alleine macht nicht gesünder", ist dann auch die Kernaussage eines Dossiers des Forschungsinstituts für biologischen Landbau[6], das erst im Jahr 2006 sämtliche Literatur zu dem Thema untersuchte. „Die Frage, wie sich die gefundenen Unterschiede auf die menschliche Gesundheit auswirken, ist jedoch experimentell noch wenig erforscht", pfeifen die Forscher alle jene zurück, die bereits Bio auf Rezept fordern. Eine Tatsache, die etwa auch der Chef des Bio-Bauernverbandes Bio Austria Johannes Tomic in einem Gespräch mit dem Wirtschaftsmagazin „trend" erst 2006 zerknirscht zugeben musste[7]: „Wir dürfen offiziell noch nicht behaupten, dass wir gesündere Lebensmittel produzieren."

4   Von Biophotonen erleuchtet

Das gilt vor allem im Zusammenhang mit den derzeit beliebtesten Analysemethoden der Bio-Forscher. Sie werden unter dem Namen „Dynamische Methoden" zusammengefasst und untersuchen die Lebensmittel lieber als „lebende Einheiten" in ihrem Verhalten und Wirken auf andere lebende Systeme[8], als sie in ihre Inhaltsstoffe zu zerlegen. Da ein neues Betätigungsfeld, schlägt ihnen nicht nur seitens konservativer Wissenschafter durchaus auch Skepsis entgegen, auch wohlmeinende Forscher sind zwiespältig in ihren Bewertungen[9] – fehlen doch bisher allgemein anerkannte Feasability Studies (also die Überprüfung der Erkenntniskraft von Testmethoden), etwa wenn bei der **Biophotonenmessung** ein schwacher Lichtreflex gemessen wird, der beim Zellzerfall ausgesandt wird. Oder wenn bei der so genannten **P-Wert-Bestimmung** wiederum relativ willkürlich der ph-Wert, die elektrische Leitfähigkeit und das Redoxpotenzial (Spannung zwischen einer Testlösung und einer Standard-Wasserstoffelektrode) vermixt wird, um daraus tatsächlich Rückschlüsse auf die Wertigkeit von Lebensmitteln zu ziehen. Auch bei den so genannten bildschaffenden Methoden wie etwa **Kupferchloridkristallisation** oder **Rundbild-Chromatographie** sollen die zu bestimmten Formen auskristallisierten Rückstände aufgelöster Lebensmittel auf eine höhere „innere Ordnung" hinweisen.

Die Bios sind ob der in anthroposophischen Kreisen schon länger angewandten Methoden zunehmend begeistert und werben schon mal unter Bezug auf derartige Analysen mit dem besseren „bio-energetischen Zustand" oder höhere „Vitalaktivität" ihrer Produkte, ohne definieren zu können, was denn das genau sein soll. Im gutgläubigen Konsumenten allerdings entsteht die vage Assoziation mit einem realen gesundheitlichen Vorteil – und fertig ist die Bio-Lüge.

Die Versuchung für die Marketingexperten der Branche, die im Hinblick auf die Erwartungshaltung der Konsumenten schmale Grenze zwischen Übertreibung und Lüge zu überschreiten, ist umso größer, als umgekehrt die konventionelle Landwirtschaft vor allem für die Landwirte selbst tatsächlich eine Reihe von gesundheitlichen Gefährdungspotenzialen aufweist.: So etwa konnte das Karolina-Institut in Wien bereits 1996 in einer Studie den Zusammenhang zwischen Biozidanwendungen und Unfruchtbarkeit bei Wein und Obstbauern aufzeigen.[10] Auch in den USA wurden 1998 Gesundheitsstörungen (MCS Multiple Chemical Sensitivity) bei Landwirten festgestellt, Erschöpfung, Depression, Gedächtnisstörung, Atemnot, Kopfweh, Muskel- und Gelenksschmerzen usw.[11]

Bio als Anbaumethode wäre in diesem Fall von nachweisbarer gesundheitlicher Relevanz – allerdings weniger für den Konsumenten als eher für die Bauern. Vielleicht haben Schopenhauer, Heraklit oder Freud ja genau das gemeint, als sie über die Relativität des Gesundheitsbegriffes philosophierten.

Das sollten Sie wissen

- Dass biologische Lebensmittel prinzipiell einen besseren gesundheitlichen Zustand im Menschen hervorrufen, lässt sich wissenschaftlich nicht beweisen.

- „Bio = gesünder" ist daher auch ein nicht erlaubter Werbeslogan. Zumal die Wirkung vieler tatsächlich gefundener Inhaltsstoffe lange nicht die suggerierte Heilkraft aufweist. Seriöse Forscher sprechen daher bestenfalls von „besseren Voraussetzungen".

- Viele Untersuchungsmethoden wollen eine „höherer Vitalkraft", „bio-energetischen Zustand" oder stabilere „innere Ordnung" für Bio-Lebensmittel beweisen: Begriffe, die über einen eventuellen gesundheitlichen Mehrwert naturwissenschaftlich betrachtet beim derzeitigen Wissensstand nichts aussagen. In 20 Jahren sieht es vielleicht anders aus.

Geschmackssache?

Wie Lebensmittel schmecken, wird eher von der Verarbeitungs- als von der Anbaumethode beeinflusst.

Über Geschmack lässt sich streiten. Oder heißt es: „nicht streiten"? Laut dem historischen Wörterbuch der Philosophie[1] geht die Redewendung auf das einschränkende lateinische Sprichwort „de gustibus et coloribus non est disputandum" (Über Geschmäcker und Farben darf man nicht streiten) der Scholastiker (philosophische Denkschule des Mittelalters) zurück, die sonst kein Problem damit hatten, unterschiedliche Standpunkte argumentativ zu differenzieren. Eine themenbezogene Relativierung, als hätten die Scholastiker etwas von Bio-Lebensmittel gewusst. Denn um kaum etwas wird so leidenschaftlich gestritten wie um die prinzipiellen Geschmacksvorteile echter Bio-Tomaten gegen Massenware aus spanischen Folientunneln. Allerdings: Kaum wo scheitert die Wissenschaft so offensichtlich wie dabei, den Beweis zu liefern, dass die Rohstoffe aus ökologischer Landwirtschaft tatsächlich besser mundende Lebensmittel ergeben.

▶ Püree, Orangensaft, Schnitzel

Das hat sicher viel damit zu tun, dass sich das subjektive Geschmacksempfinden einer objektiven Beurteilung entzieht. Oder damit, dass verarbeitete Bio-Lebensmittel ohne Geschmacksverstärker auskommen müssen, geschmacklich ungewohnt sind oder natürliches Geschmacksempfinden sozusagen (in der Kindheit) verlernt wurde. Aber auch damit, dass Bio-Richtlinien offenbar nicht im Hinblick auf Geschmack erstellt werden. So etwa verkostete die Stiftung Warentest im Jahr 2006 Fertig-Kartoffelpüree[2]: Die Bio-Varianten landeten ausgerechnet wegen sensorischer Mängel bestenfalls im Mittelfeld. Oder Orangensaft: Das ZDF-Magazin WISO ließ im Jahr 2005 u.a. die Hersteller selbst einen Vergleich durchführen[3]: Die Bio-Variante war nur der Achtbeste von zwölf verkosteten Säften. Das WDR-Fernsehen brachte 2007 eine Blindverkostung[4]: Ein engagierter Koch hielt das Bio-Schnitzel nach dem Verzehr doch glatt für ein konventionelles, nachdem er es im Rohzustand aufgrund seines natürlicheren Aussehens eigentlich bereits als bio eingestuft hätte. Dass etwa Bio-Kakaos bei Geschmackstests bei Kindern eindeutig schlechter abschneiden als konventionelle[5], mag wiederum am geringeren spezifischen Zuckergehalt oder an der Rezeptur liegen und sagt wahrscheinlich wenig über Geschmack von Bio aus.

Aber auch Branchen mit deklariert professionellem Zugang zum Geschmack wie die Weinwirtschaft tun sich schwer mit der sensorischen Unterscheidung: Eine Studie der deutschen Lehr- und Forschungsanstalt für Landwirtschaft, Weinbau und Gartenbau hatte im Jahr 1998 56 Rieslinge, 21 Silvaner und 14 Weißburgunder einer Weinbauregion (Bio und Nichtbio) einer sensorischen und gaschromatographischen Analyse unterzogen und stellte nüchtern fest, „dass aufgrund der naturnäheren Bewirtschaftungsform keine höheren sensorischen Intensitäten festgestellt werden konnten".[6] Und die Deutsche Landwirtschafts-Gesellschaft DLG konnte sich bei einem großen Bio-Test Ende 2006[7] nur zu der Erkenntnis durchringen, dass sich zu konventionellen Lebensmitteln „keine sensorischen Unterschiede zeigten" – wenn alles handwerklich gepasst hat: Von 670 eingesandten Bio-Produkten bekamen nämlich nur 157 Fehlerfreiheit attestiert, 276 wurden mit sensorischen Mängeln prämiert, 237 (38 Prozent) fielen glatt durch – und das bei freiwillig eingeschickten Testproben.

▶ Einer von zehn

Aber auch andere wissenschaftlich angelegte Tests liefern kaum überzeugende Beweise für die Theorie, dass Bio prinzipiell besser schmeckt. Selbst das Forschungsinstitut für biologischen Landbau (FIBL) in der Schweiz schreibt in einer Literaturstudie aus dem Jahr 2006 gerade mal vorsichtig, „dass die biologische Anbautechnik ein größeres Potenzial hat, eine hohe sensorische Qualität zu erzeugen"[8], und fordert weitere Untersuchungen. Denn wenn Unterschiede gefunden werden, dann sind sie offenbar in Zahlen kaum messbar: Im Jahr 2001 hat FIBL den sensorischen Unterschied zwischen bio-

logisch und konventionell angebauten Äpfeln nach einem groß angelegten Test mit mageren 15,4 Prozent beziffert. Anders ausgedrückt: Gerade mal eineinhalb von zehn Bio-Äpfeln schmecken besser als ihre konventionellen Pendants. In einer anderen Überblicksstudie im Auftrag des österreichischen Wissenschaftsministeriums wiederum zieht die Wissenschafterin Alberta Velimirov 2003, die zuvor noch in einem viel zitierten Versuch die eindeutige Bevorzugung von Bio-Nahrung durch Ratten nachwies, aber den Schluss, „dass sensorische Prüfverfahren mit dem differenzierenden Faktor ‚Anbausystem' noch keine eindeutigen Ergebnisse für oder gegen den Bio-Landbau erbracht haben".[9]

Viel wichtiger als die Unterschiede in der Anbauweise sind für den Geschmack offenbar andere handwerkliche Qualitäten in der Nahrungsmittelkette. Dazu zählen vor allem die Frische eines Rohstoffes (wochenlange Lagerung macht aus dem besten Bio-Salat Grünfutter), dessen standortgerechter und saisonal passender Anbau (Wintererdbeeren aus Glashäusern schmecken auch in der Bio-Version anders als ihre konventionellen spanischen Pendants im Juni), physiologische Reife und Sorte, meint etwa Restaurantkritiker Florian Holzer im Wirtschaftsmagazin „trend" im Zuge einer Story über Bio-Lebensmittel[10]: „Wäre Bio wirklich für den Geschmack ausschlaggebend, wäre es in der Spitzengastronomie ein viel wichtigeres Thema. Aber nur zwei Spitzenrestaurants in Wien setzen auf Bio."

Subjektive Geschmacksvorteile bei Bio müssen dennoch keine reine Einbildung sein. Auch wenn psychologische Tests herausgefunden haben, dass die Erwartungshaltung das Geschmacksempfinden durchaus beeinflusst – wir schmecken also, was wir erwarten. Zum einen könnte der niedrigere Wassergehalt mancher Bio-Gemüsesorten dazu führen, dass die Pflanzeninhaltsstoffe (also auch Geschmacksstoffe) tatsächlich in einer höheren Konzentration vorliegen. Und zum anderen dürfte es wohl so sein, dass die Bio-Landwirtschaft eher dazu tendiert, die geschmacksbildenden Faktoren wie Saisonalität, standortgerechter Anbau und Sortenwahl stärker zu berücksichtigen als die konventionellen Produzenten. Ein Vorteil allerdings, der mit dem zunehmenden Zwang der Bio-Hersteller, alle Produkte ganzjährig und in ähnlicher optischer Qualität zu liefern, schneller verloren gehen könnte als die Vitamine im Salat nach der Ernte.

Das sollten Sie wissen

- Bei vielen Geschmackstests fallen Bio-Fertigprodukte geschmacklich durch.

- Subjektive Geschmacksvorteile von Bio-Produkten lassen sich wissenschaftlich jedenfalls nicht mit der ökologischen Anbaumethode erklären.

- Den größten Einflussfaktor auf die sensorischen Eigenschaften landwirtschaftlicher Rohstoffe haben Saisonalität, standortgerechter Anbau und Sortenwahl. Da könnten die Bios allerdings punkten, wenn sie nur wollten.

Natürlich sozial?

Gerechte Entlohnung oder gesundes Arbeitsumfeld sind keine gesetzlich vorgeschriebenen Bio-Kriterien.

Die Pioniere der biologischen Landwirtschaft waren „Revoluzzer", die Gründer einer „Bewegung", die Auswege aus einer Wirtschaftsweise suchten, die ihrer Meinung nach gegen die Natur – auch die des Menschen – gerichtet war. Soziale Ansprüche waren ihnen ebenso wichtig wie ökologische Aspekte. Doch aus der einstigen „Bewegung" wurde eine „Branche". Der Strukturwandel hin zu immer größeren Betrieben, komplexeren Handelsbeziehungen und Vermarktungswegen ist längst vollzogen und die sozialen und regionalen Ansprüche von einst sind vielfach untergegangen.[1] Nur das Image ist geblieben und geistert als vermeintlicher Mehrwert durch die Köpfe vieler Bio-Konsumenten.

Das könnte beim näheren Hinschauen Kopfschmerzen verursachen. Denn in keiner der gesetzlich gültigen Bio-Regelungen sind soziale Aspekte und Standards wie z.B. gerechte Entlohnung, gesundheitsförderliche Arbeitsplatzgestaltung etc. integriert und spielen daher bei der Bio-Kontrolle in den Unternehmen auch keine Rolle. Von einer sozialen und ökonomischen Nachhaltigkeit zu sprechen, wie beispielsweise bei „Fair Trade", scheint im

Bio-Business anno 2007 auch für die sonst so strengen Bio-Verbände mehr als verwegen, sagen Experten[2] – etwa bezüglich Entlohnung: Für Mitarbeiter geben gerade Bio-Kleinbetriebe im (rechnerischen) Durchschnitt erstaunlicherweise weit weniger aus (64 Prozent) als konventionelle Bauern gleicher Größe, ergab ein Bilanzvergleich des Landwirtschaftsministeriums 2006.[3] Entweder weil sie weniger bis keine Mitarbeiter beschäftigen – oder weniger bezahlen. Umgekehrt ist es bei Großbetrieben. Da liegen die Bios deutlich vor den Konventionellen – hier lässt sich der höhere Arbeitskräfteeinsatz offenbar doch messen.

Ein großer Teil der Bio-Bauern hat vom Wachstum der Branche nicht profitieren können. Ein Grund dafür könnte sein, dass die Erzeugerpreise gerade schwächerer, kleinerer Bio-Lieferanten – mit festen Aufschlägen – an die Preise vergleichbarer konventioneller Produkte gekoppelt sind. Wenn es nun konventionelle Überschüsse gibt, geraten auch die Bio-Preise unter Druck, trotz steigender Nachfrage. Die Folgen sind Kostenminimierung, Gewinnmaximierung und Unternehmensstrategie statt Sicherung von Arbeitsplätzen, Regionalität, fairer Handel und kooperative Zusammenarbeit.

Immerhin: Einige Verbände setzen Initiativen. Der in 26 Ländern aktive deutsche Bio-Verband „Naturland" etwa hat 2004 seine Richtlinien um soziale Standards (etwa Arbeitsbedingungen, Menschenrechten, Kinderarbeit, Gesundheit und Sicherheit in Entwicklungsländern) erweitert.[4]

Auch die IFOAM, die Internationale Vereinigung der ökologischen Landbaubewegung (750 Organisationen in 108 Ländern), hat in ihren Standards ein kurzes Kapitel zum Thema „social justice" integriert.[5] Nüchtern betrachtet muss man allerdings feststellen, dass alle diese Sozialrichtlinien nicht über die ohnehin vorhandenen gesetzlichen Mindeststandards der meisten europäischen Länder hinausgehen. Zumal der von IFOAM entwickelte „Verhaltens-Codex" lediglich zur Orientierung und freiwilligen Selbstüberprüfung (!) für Unternehmen dient. Von Verpflichtung und offizieller Überprüfung keine Spur.

Die Bio-Branche ist damit allerdings im Begriff, einen Trend zu verschlafen: Es gebe nämlich durchaus eine „Sehnsucht nach Waren, die ordentlich produziert werden, die Umwelt nicht unnötig beanspruchen und bei denen soziale Standards eingehalten werden, meint etwa der Journalist und Buchautor Fred Grimm in seinem Einkaufsführer „Shopping hilft die Welt verbessern"[6] und fordert für Bio „Schluss mit der ‚Geiz ist geil'-Mentalität". Immerhin ein sozial-arbeitsrechtlicher Vorteil ist den Bio-Vorschriften sozusagen inhärent: Mit den gesundheitlichen Nachteilen allzu intensiver Pestizid-, Fungizid- und Herbizidanwendungen ihrer konventio-

nell arbeitenden Kollegen müssen sich die Bio-Bauern nicht herumschlagen.

Das sollten Sie wissen

- Mit dem Schritt aus der Nische kommt heutzutage auch die Bio-Branche unter den gleichen marktwirtschaftlichen Druck wie die konventionelle Lebensmittelproduktion.

- Der soziale und regionale Anspruch, den der Bio-Landbau ursprünglich erhob, ist im globalen Bio-Markt untergegangen.

- Nur die Kombination der zwei Standards „Bio" und „Fair Trade" stellt zurzeit sicher, dass im Bio-Bereich „soziale Gerechtigkeit" überprüft wird.

Bio drauf, Natur drin?

Ökofood ist so „natürlich", wie Tiefkühlpizza,
Konservendose und Gummibärchen halt sein können.

Authentisch, einfach und natürlich – so sollen die Produkte sein. Das erwartet sich der Konsument von Bio. Günstig, schnell und bequem – das erwartet er sich, supermarktgeschult, auch. Zwei Schuhe, die nicht wirklich zusammenpassen, und eine Erwartungshaltung an Bio, die bei verarbeiteten Bio-Lebensmitteln einfach nicht zu erfüllen ist.

Die Bio-Fach 2007 in Nürnberg, Europas größte Fachmesse für Bio-Produkte und Naturwaren, zeigt einen eindeutigen Trend: Die Lebensmittelindustrie versucht, diese beiden ungleichen Schuhe irgendwie zusammenzubringen: Tiefkühlpizzas, portioniertes Tiefkühlgemüse, Tiefkühlmenüs für die Mikrowelle, Fertigsaucen, Bio-Snacks für zwischendurch, ... all das neben „traditionellen Bio-Produkten" wie Olivenöl, Käse und frischem Obst.[1]

Bio-rechtlich alles in Ordnung. Aber damit ergeben sich – wie bei allen Convenienceprodukten – Probleme rund um hohe Wareneinstandskosten, geschmackliche Eintönigkeit und hohen Verpackungs- und Energieaufwand, die mit der ursprünglichen Bio-Philosophie nichts mehr gemeinsam haben, gibt etwa die Geschäftsstelle Ökologischer Landbau aus dem deutschen Landwirtschaftsministerium[2] zu bedenken. Max Eichenberger, der Präsident von Bio Suisse Markenkommission und Verarbeitung, warnt jedenfalls: Die Bio-Verbände müssten in ihrer Zusammenarbeit mit den Lebensmittelverarbeitern dafür sorgen, dass dem ökologisch produzierten Rohstoff eine „Ökologie" der Verarbeitung folgt.[3]

▶ Gummibärchen

Da gäbe es jedenfalls viel zu tun, Beispiel Bio-Gummibärchen. Schlecht schaut es aus um die artgerechte Tierhaltung! Maissirup, Zucker, Gelatine (natürlich auch in der Bio-Variante durch Verkochen von Schweinsschwarten hergestellt) oder Pektin, Fruchtsaftkonzentrate für Geschmack und Farbe, E330 Zitronensäure und Carnaubawachs oder Bienenwachs als Trennmittel – alle landwirtschaftlichen Zutaten in Bio-Qualität und mit Bio-erlaubten Zusatzstoffen – ein „Naturprodukt"?[4] Verglichen mit ihren „goldig-bärigen" konventionellen Artverwandten allemal, die mit künstlichen Aromastoffen und Schweinegelatine aus Massentierhaltung gefüttert werden. Aber nüchtern betrachtet muss man auch für die Bio-Variante feststellen: Alles „Bio"?: Ja! – „natürlich"?: nein!

▶ Brot

Ein anderes Beispiel: Warum mutiert frisch halbwegs gutschmeckendes Brot aus dem Supermarkt und auch manche Bäckerssorten in kaum drei Tagen zu einem trocken-grauslichen Bröselhaufen, während der „Bauernlaib" aus Kindheitstagen sogar noch nach einer Woche bissfest bleibt und nach „Brot" schmeckt?"

„Mehrstufige Sauerteigführung", lautet ein dafür verantwortliches Bäckergeheimnis. Selbst angesetzter Sauerteig, der immer wieder mit frischem Teig vermengt wird, genügend Zeit bekommt, damit sich die Aromastoffe im Teig bilden können. Leider auch beim Bio-Bäcker zunehmend eine Rarität: Ganz wie bei konventioneller Verarbeitung bestehen die zig verschiedenen Bio-Brotsorten, die mittlerweile angeboten werden, in der Regel aus Fertigbackmischungen mit verschiedensten Backhilfsmitteln, die das Brotbacken fast so simpel machen wie das Kochen einer Eierspeise. Zum Beispiel die Backmischung „Sonnenbrotmix" für ein „Bio-Sonnenbrot": Weizen-, Roggen-, Gerste- und Buchweizenmehl, Roggenvollkornsauer, Sonnenblumenkerne, Leinsamen, Dinkelflocken, Speisesalz, Weizenkeime, Weizengluten, Zucker, Speiseöl, Gewürze, Aromamalzmehl, Milchsäure (E270), Ascorbinsäure (E300), Enzym. Diese Vormischung nur noch mit Weizen- und Roggenmehl, Wasser und Hefe vermischen, in den Spiralkneter geben, 40 Minuten ruhen lassen, zu Wecken formen, in Sesam tauchen, mit Sonnensymbol versehen, gehen lassen und 50 Minuten backen.[5] Fertig. Alle Zutaten biologisch, alle Zusatzstoffe erlaubt[6] – alles „Bio"? Ja! – „natürlich"?: nein.

Freilich: Wir Konsumenten wollen die Produktvielfalt. Und ohne zeitliche und personelle Reserven bleibt vielen Bäckern nur mehr der Griff zu vorgefertigten Backmischungen. Die Qualität bleibt dabei leider oft auf der Strecke.

Das sollten Sie wissen

- Auch Bio-Lebensmittel werden entsprechend dem Trend hin zu hoher Sortimentsvielfalt und einfacher Handhabung produziert.

- Von einer „Ökologie der Verarbeitung" kann man bei hochverarbeiteten Bio-Produkten derzeit nicht sprechen.

- Aber: Auch bei Bio-Cola, Bio-Gummibärchen und Co gilt: landwirtschaftliche Zutaten zu mindestens 95 Prozent bio (meist 100 Prozent), nur ein Bruchteil der in konventioneller Produktion üblicherweise eingesetzten Zusatz- und Verarbeitungshilfsstoffe, keine künstlichen Farb- und Aromastoffe.

Konventionell geGen Bio?

Gentechnikfrei heißt nicht automatisch Bio – umgekehrt schon.

Es prangt auf Milchpackungen, es leuchtet auf Eierkartons, es findet sich in regionalen Werbeslogans und ziert Verbandsrichtlinien. Das Label „gentechnikfrei" ist allgegenwärtig. Kein Wunder – die Angst der Österreicher (und nicht nur der) vor gentechnisch veränderten Organismen (GVO, oder auch GMO – Gentechnisch Modifizierte Organismen) in Lebensmitteln ist so diffus wie ausgeprägt (bereits 1997 gab es in Österreich das Gentechnik-Volksbegehren, mit 1,266.551 Unterzeichnern das erfolgreichste parteiunabhängige überhaupt!)[1], sodass kaum ein Produktmanager und Werbetexter ohne die Bezeichnung auszukommen glaubt. Kein Wunder: Er schlägt damit zwei Fliegen mit einer Klappe. Erstens reagiert er auf die Konsumentenängste. Und als Zusatzeffekt entsteht in den Köpfen vieler Konsumenten die verkaufsfördernde Assoziation mit naturnaher Produktion, und von da ist es nicht mehr weit zur biologischen Landwirtschaft. So naschen konventionelle Waren, sobald sie mit gentechnikfrei ausgewiesen sind, am Bio-Image mit, ohne die restlichen 99 Prozent der Bio-Auflagen erfüllen zu müssen. Um es klar zu sagen: Bio bedeutet immer gentechnikfrei, aber gentechnikfrei heißt nicht automatisch auch Bio.

▶ **Bio-Argument geklaut**

Beim Thema Gentechnik hat die Bio-Landwirtschaft einen Konsumententrend verschlafen und die Möglichkeit ausgelassen, einen natürlichen Produktvorteil frühzeitig auszuloben. Die Folge: In der Motivanalyse der staatlichen landwirtschaftlichen Förderstelle Agrarmarkt Austria zum Thema Bio-Produkte aus dem Jahr 2005[2] etwa nannten gerade zwei Prozent der Bio-Käufer die Gentechnikfreiheit als ausschlaggebend für den Kauf von Bio-Produkten. Dabei sieht sowohl der Bio-Mindeststandard – die EU-Bio-Verordnung 2092/91 – und erst recht die Verbandsrichtlinien aller Bio-Verbände ein hundertprozentiges Verbot (0,1 Prozent Toleranzschwelle) von GVO und GVO-Derivaten vor, sowohl bei Futtermitteln als auch in den Endprodukten selbst.[3, 4] Das Informationsdefizit ist umso ärgerlicher, als die EU-Gesetzgebung in Zukunft keine Unterschiede zwischen bio und konventionell machen will, was die GVO-Toleranzschwellen betrifft. Unter der Voraussetzung, dass eine gentechnische Verunreinigung „zufällig oder technisch nicht zu vermeiden war", sind konventionelle Produkte, die bis zu 0,9 Prozent GVO enthalten (Einzelbestandteile werden übrigens nicht addiert), von der geltenden Kennzeichnungspflicht ausgenommen. Das soll seit dem letzten EU-Agrarministerrat Ende 2006 ab 2010 auch für Bio-Lebensmittel gelten, da sich der Agrarministerrat nicht dazu durchringen konnte, die speziell strengeren Vorschriften aufrechtzuerhalten. Die Formulierung „zufällig" hätte übrigens theoretisch eine skurrile Folge: So könnten in einem Bio-Produkt legal 0,8 Prozent Verunreinigungen, da zufällig passiert, verschwiegen werden. Das konventionelle Pendant hingegen, das bewusst mit Gentechnik produziert wurde, müsste auch unterhalb des Schwellenwerts gekennzeichnet sein. Die Bios versuchen daher auch, den Plan zu Fall zu bringen.

Die argumentative Vermischung in Sachen Gentechnik zwischen konventioneller und biologischer Produktionsweise setzt sich auch auf anderen Ebenen fort: So sind vor allem Fragen zur so genannten Koexistenz nicht wirklich geregelt: Das heißt, kann es ein Nebeneinander unterschiedlicher Produktionsweisen überhaupt geben, da die Ausbreitung einmal freigesetzter GVO nicht wirksam eingeschränkt werden kann? Manche Analysen gehen davon aus, dass es technisch und praktisch kaum Abgrenzungsmöglichkeiten gibt.[5] Kein Wunder, dass vor allem die Bio-Verbände strikte Haftungsregeln fordern, sollte die Verwendung von Produktionstechniken mit GVO weiter liberalisiert werden (siehe Kasten).[6]

Leicht möglich, dass auch die nächste Gentechnikdiskussion von den Bios verschlafen wird: Denn die bislang so gut wie nicht geregelten Hybridzüchtungen im Bio-Anbau (Bio Austria formuliert

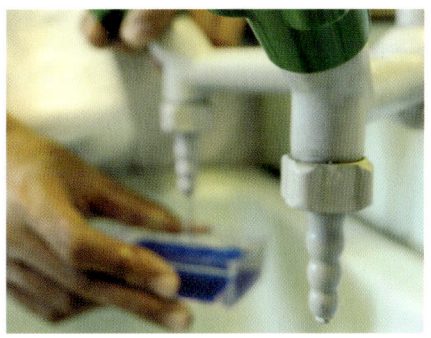

in seinen Produktionsrichtlinien etwa, „wenn möglich sollten nicht-hybride Sorten verwendet werden"[7]) sind zwar streng genommen keine gentechnischen Veränderungen, sondern entstehen auf dem konventionellen Weg der Kreuzung, aber sie enthalten ähnliche Risikobilder wie Inzucht, Abhängigkeiten von Saatgutindustrie, genetische Verarmung, schreibt etwa das Institut für biologischen Landbau (FIBL) in der Schweiz und regt ein Verbot für den Bio-Landbau an.[8]

Trotz aller Gleichmacherei in Sachen „echter" GVO-Verunreinigung dürften Bio-Produkte allerdings nach wie vor um einiges besser abschneiden als konventionelle Ware, zeigte ein anderer FIBL-Bericht im Oktober 2006[9]: In Summe haben die GVO-Verunreinigungen über alle Produkte gerechnet deutlich abgenommen. Mit 15 Prozent nachweisbarer Verunreinigungen lagen konventionelle Lebensmittel dabei mehr als doppelt so hoch wie biologische (sieben Prozent), zwischen 2000 und 2002 lag das Verhältnis noch bei 33 zu 15 Prozent. Obwohl: Bei Fertigprodukten etwa sank in der aktuellen Analyse der Unterschied bezüglich GVO-Verunreinigung auch schon wieder auf elf (konventionell) zu zehn (bio) Prozent.

Gentechnik: Im Zweifel schuldig

Bisher ist wissenschaftlich kein eindeutiger Zusammenhang einer gesundheitlichen Gefährdung des Menschen mit den bisher in Verkehr gebrachten GVO (hauptsächlich Mais, Reis, Raps und Sojabohnen, vorwiegend als eiweißreicher Sojaextraktionsschrot, das Futtermitteln beigemischt wird) nachweisbar. Immer wieder zitierte Studien zeigen bestenfalls, dass dadurch ein industrielles Agrarsystem gestützt wird oder einfach dass auch GVO vom menschlichen Magen verdaut werden können. Dennoch: Gentechnikkritiker warnen vor nicht kalkulierbaren Risiken der Gentechnik, denen aus Konsumentensicht kein Nutzen gegenübersteht. Daher sind die gesetzlichen Vorschriften auch sehr rigide.[10]

EU: Die Freisetzung von GVO in die Umwelt ist erlaubt, aber genehmigungspflichtig, auf zehn Jahre begrenzt, verpflichtendes Monitoring, öffentliche Dokumentation. Lebensmittel müssen gekennzeichnet sein, selbst wenn GVO nur in den Ausgangsstoffen nachweisbar enthalten sind, Fleisch, Milch, Eier sind nicht kennzeichnungspflichtig, auch dann nicht wenn Tiere mit GVO gefüttert werden. Kein Grenzwert für Saatgut auf EU-Ebene, Koexistenz und Haftungsfragen sind nicht verbindlich geregelt.

Österreich: Grundsätzlich gleich wie in der EU, mit ein paar Ausnahmen: Saatgut: 0 Prozent Toleranz, Importverbote für bestimmte Saatgutsorten (etwa MON 810), einzelne Bundesländer haben regionale gentechnikfreie Zonen beschlossen.

Das sollten Sie wissen

- Das Label „gentechnikfrei" wird gezielt verkaufsfördernd eingesetzt, um Assoziationen zu naturnaher Landwirtschaft hervorzurufen.

- Aber: Gentechnikfrei heißt fast nie Bio – umgekehrt ist jedes echte Bio-Produkt aber automatisch gentechnikfrei.

- Die Bio-Branche hat ihre jahrelange USP (Unique Selling Position) in Sachen Gentechnik einfach verschlafen. Jetzt drohen Zores wegen der Koexistenz.

Vom Winde verweht?

Bio-Lebensmittel sind deutlich geringer mit Schadstoffen belastet – aber nicht völlig „rückstandsfrei".

Sie kennen das: Man hätte es so gerne weißer als weiß (Wäsche), einfacher als einfach (Selbstbaumöbel) und natürlicher als natürlich (Bio-Lebensmittel). Leider können Sie diesbezüglichen Werbeversprechen in keinem Fall ganz trauen, denn in der Realität bleibt immer ein gewisser Grauschleier, verkantete Schrauben oder ein kleiner Rest an Verunreinigungen.

Rund fünf Millionen Tonnen Pestizide gelangen jährlich weltweit in unsere Umwelt – sie werden in der konventionellen Landwirtschaft zur Schädlingsbekämpfung und zum Pflanzenschutz eingesetzt.[1] Zum Teil außerordentlich lange in der Umwelt nachweisbar bleibende Herbizide (Unkrautvernichtungsmittel), Insektizide (gegen Insekten) und Fungizide (gegen Pilzbefall) werden ausgebracht, um Erträge zu erhöhen oder auch nur deshalb, weil hochgezüchtete Pflanzen ohne chemische „Hilfsmittel" gar nicht überleben könnten. In der Bio-Landwirtschaft hingegen ist die Anwendung von Pflanzenschutz- und anderen Schädlingsbekämpfungsmitteln stark eingeschränkt und äußerst streng geregelt.[2] Da nun aber kein Bauer, auch kein Bio-Bauer, unter einer Glaskuppel seine Pflanzen anbaut und

alle Pflanzen über Wind, Boden und Wasser auch den Einflüssen der allgemeinen Umweltverschmutzung ausgeliefert sind, ist es heute praktisch unmöglich, gänzlich rückstandsfreie Lebensmittel zu erzeugen.[3] Bereits in den siebziger Jahren in Europa kaum mehr verwendet und schließlich verboten, fanden sich z.B. im Rahmen eines über fünf Jahre angelegten speziellen Untersuchungsprogrammes für Bio-Lebensmittel in Baden-Württemberg auch bei den Ergebnissen 2005 als „Altlasten" noch Spuren von persistenten Organochlorverbindungen wie z.B. des verbotenen Insektizids DDT in Bio-Milchprodukten und Bio-Eiern, und zwar in vergleichbaren Konzentrationen wie in konventionellen Lebensmitteln.[4] Bei Pestizidrückständen über 0,01 mg/kg ist gemäß dem Österreichischen Lebensmittelcodex Schluss mit Bio, und die betroffenen Waren dürfen nur mehr als konventionelle Lebensmittel in Verkehr gebracht werden.[5]

Dass bei Bio-Lebensmitteln überhaupt im Bio-Landbau verbotene Pflanzenschutzmittel gefunden werden, erklärt sich u.a. dadurch, dass z.B. durch Abdrift des Sprühnebels von konventionell bewirtschafteten Feldern diese Mittel in Einzelfällen sogar in erheblichen Mengen auch auf

Bio-Felder gelangen können. So stellte etwa eine Studie[6] des Schweizer Forschungsinstituts für Biolandbau (FIBL) in einer Einzelfalluntersuchung über Bio-Wein in der Schweiz fest, dass bei einem eher sorglosen Umgang mit Pestiziden (Besprühung per Helikopter – sicher ein Ausnahmefall) auf konventionelle Weingärten der so genannte Abdrift auf den (Bio-)Nachbarrieden noch bei 60 bis 85 Prozent lag.

Weitere mögliche Ursachen, die bei Nachforschungen immer wieder als Verunreinigungsstellen identifiziert werden, sind Waschstationen, Packstellen und Lagerplätze auf Verarbeitungsbetrieben, auf denen sowohl konventionelle als auch Bio-Waren weiterverarbeitet werden. Immerhin bei rund 50 Prozent der untersuchten biokompatiblen Futtermittelproben ließen sich – wenn auch geringste und im Vergleich zu früher stark abnehmende – Verunreinigungen etwa mit zuletzt intensiv diskutierten gentechnisch veränderten Organismen (GVO) feststellen, zeigte ein anderer Bericht[7] des FIBL Schweiz für die Jahre 2000 bis 2002, bei Soja waren es 73 Prozent. Oder: Das bei Bio verbotene Pflanzenschutzmittel Chlorpropham

wiederum, das zur Keimhemmung bei der Lagerung von Kartoffeln eingesetzt wird, ist derart flüchtig, dass selbst beim bloßen offenen Nebeneinanderlagern von konventionellen und biologischen Kartoffeln Chlorpropham in geringen Spuren auch auf die Bio-Kartoffeln übergeht und analytisch nachgewiesen werden kann.[8] Auch hier gilt: Nur bei nachgewiesener „technischer Unvermeidbarkeit" und bei Werten unterhalb des genannten Grenzwertes für Bio-Lebensmittel von 0,01 mg/kg dürfen diese Waren noch als Bio auf den Markt gelangen. Gerade diese Zusatzanforderung, dass eine gefundene Verunreinigung mit einem verbotenen Pflanzen- oder Lagerschutzmittel „zufällig und unvermeidbar" passiert sein muss, damit es nicht zu konventionelle Ware abgewertet wird, zwingen die Unternehmen, biologische und konventionelle Ware besonders sorgfältig zu trennen und alle möglichen Kontakte weitgehend zu vermeiden.

Kompromisse in der Verarbeitungskette können daher zu grauen Flecken auf einer ansonst weißen Weste führen:[9] Die Stiftung Warentest fand 2005 ausgerechnet in Bio-Olivenölprodukten den vermutlich kanzerogenen Weichmacher Di_2Ethylhexylphtalat, DHEP, teilweise sogar in gesundheitgefährdenden Dosen. Als Ursache stellten sich billige Plastikschläuche in den Ölmühlen heraus. Ab 2006 verpflichteten sich alle Hersteller zu einer freiwilligen Selbstkontrolle.[10] Auch der im Herbst 2006 in Österreich stark diskutierte Verunreinigungsfall von Bio-Hirse mit (giftigen) Stechapfelsamen dürfte auf eine (zufällige oder nicht ...) Beimischung einer einzigen verunreinigten Charge in einer Lagerstelle zu einer größeren Lagermenge Hirse zurückzuführen gewesen sein.

Allerdings – keine Panik: Wir reden von Verunreinigungen, die großteils nur knapp über der Nachweisbarkeitsgrenze liegen. Und die konventionellen Produkte schneiden meist um Welten schlechter ab.[11] 0,002 mg/Kg bei Bio-Obstproben und 0,003 mg/Kg bei Bio-Gemüse wurden als mittlere Werte für Verunreinigungen mit Pestiziden beim genannten Ökomonitoring gefunden. Im Vergleich dazu: Konventionelles Obst und Gemüse enthält im Mittel 0,4 mg/kg Pestizidrückstände! – 200-mal mehr! Und auch im Fall der zitierten GVO-Verunreinigung[12] war die Bio-Variante mit immerhin 51 Prozent völlig rückstandsfreien Proben weit besser als das konventionelle Pendant mit sechs Prozent.

Das sollten Sie wissen

- Selbst Bio-Lebensmittel (bzw. Futtermittel) sind nicht völlig frei von Verunreinigungen mit Pflanzenschutzmitteln und anderen Schadstoffen.

- Vor allem Abdrift aus benachbarten konventionellen Feldern und Verunreinigung bei Parallelverarbeitung mit konventionellen Produkten führen zu Kontaminierungen.

- Bio-Ware weist aber verglichen mit konventionellen Lebensmitteln wesentlich geringere Schadstoffwerte auf.

Klimaretter glückliche Kuh?

Immerhin ein Punktesieg in der Ökobilanz für die Bio-Bauern.

Bio ist gesund, natürlich, macht schön und ein gutes Gewissen. Na ja, nicht nur. Letzteres lässt sich nicht so eindeutig beweisen. Macht auch nichts. Denn das am ehesten wissenschaftlich belegbare Argument pro bio liegt nun mal nicht im Gesundheitswert, sondern bei den Auswirkungen der Rohstoffproduktion auf die Umwelt. Obwohl es auch dazu durchaus widersprüchliche Studien gibt, sind zumindest die Bauern der Bio-Branche (also ohne die nachgelagerten Verarbeitungsstufen) in Summe ihren konventionellen Kollegen dabei um mehr als eine Nasenlänge voraus.

Ein Hauptthema ist etwa der Energieeinsatz. Das Verbot der mit hohem Energieeinsatz produzierten mineralischen Stickstoffdünger und chemisch-synthetischer Pflanzenschutzmittel bei den Bios hilft deutlich beim „Energiesparen" ebenso wie der Ersatz von aufwändig importiertem, noch dazu in der Regel gentechnisch verändertem Soja als Futtermittel durch heimische Alternativen. Bezogen auf den Hektar Nutzfläche kommt so bei den Bios in Summe nur ein Drittel der Primärenergie zum Einsatz, die in der konventionellen Landwirtschaft verpulvert wird, berechnen Forscher der Universität für Bodenkultur in Wien[2] oder Kollegen aus der Schweiz[3]. Bezogen auf die Menge der hergestellten Produkte sind die Einsparungseffekte aufgrund kleinerer Hektarerträge bei den Bios etwas geringer (50 Prozent). Direkt am Hof unterscheiden sich Bios und Konventionelle manchmal nicht wesentlich voneinander, zeigt eine Betriebskostenanalyse aus dem offiziellen Grünen Bericht des Landwitschaftsministeriums[1]: Bio-Betriebe mit hohem Forstanteil oder Marktfruchtbetriebe etwa verbuchen sogar höhere Energiekosten als vergleichbare konventionelle Kollegen.

Energieverbrauch konventionelle/ökologische Landwirtschaft

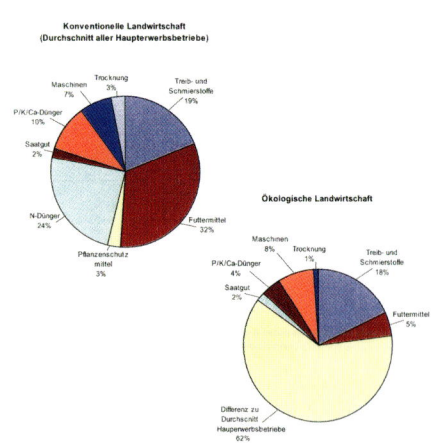

Geringere Hektarerträge der eingesetzen Arbeitsmittel (Maschinen, Fläche, Arbeitskraft, Futtermittel usw.) bei den Bios könnten ein Indiz wirtschaftlich manchmal geringerer Effizienz sein, zeigt etwa eine Studie mit dem Landwirtschaftsexperten des Wirtschaftsforschungsinstituts, Franz Sinabell, über österreichische Milchbauern.[4] Und mangelnde Effizienz könnte auch einen anderen Umweltvorteil dämpfen, den Ausstoß von Treibhausgasen, bei dem die Ökolandwirtschaft sonst deutlich im Vorteil ist. Unter Einbeziehung des Maschinenparks beziffert das deutsche Ökoinstitut den Vorteil beim CO_2-Ausstoß bei Bio-Frischgemüse nämlich „nur" mit 13 Prozent, bei Konserven nur mehr mit sechs Prozent. Die Modellrechnung im Rahmen des Großprojekts „Ernährungswende" aus dem Jahr 2005[5] beziffert das Ausmaß der erreichbaren CO_2-Reduktion bei einem Bio-Szenario 2030, das von einem deutlich erhöhten Verbrauch an Bio-Lebensmitteln ausgeht, in Summe auch gerade mal mit zwei Prozent (verglichen mit dem Istzustand). Daher zieht Studienleiterin Ulrike Eberle in einem Artikel des deutschen Nachrichtenmagazins „Focus" den Schluss: „Klimaschutz ist nicht das entscheidende Argument für Bio-Ware."[6]

Allerdings: Eine Untersuchung an der Universität Gießen andererseits lässt konventionelle Lebensmittel gerade bezüglich CO_2-Kennziffern wie schlecht gewartete, alte Diesel-Traktoren aussehen: Bei der Produktion von konventionellem Weizen etwa werden nach dieser Analyse stolze 230 Gramm CO_2-Äquivalente je Kilogramm emittiert; bei bio nur 101 Gramm.

Konventionelle Karotten verbrauchen 69 Gramm CO_2-Äqu./kg, bio hingegen nur 35. Auffällig ist auch hier allerdings: Bei der Fleischproduktion ist der Unterschied sehr klein. Konventionell: 10,7 Kilogramm (!) CO_2-Äquivalent/ Kilogramm Fleisch, bio 10,2 Kilogramm.[7] Nur nebenbei: Angesichts dieser Werte (das 100fache pflanzlicher Produkte) dürfen sich Vegetarier nicht nur als Tier- sondern auch als Klimaschützer fühlen.

Ähnlich ambivalent die Datenlage zur Belastung der Böden. Während der deutsche Naturschutzbund etwa die Stickstoffüberschüsse im Bio-Landbau pauschal um rund 65 Prozent geringer beziffert als in der konventionellen Landwirtschaft[8], zitiert der ebenfalls nicht wirklich bio-kritische Bund ökologischer Lebensmittelwirtschaft (BOEL) in seiner Stellungnahme im Jahr 2006 differenziertere Studien. In früheren Arbeiten (1993) lagen die Bios bezogen auf die bewirtschaftete Fläche mit halb so hohen Nitratsickerraten meilenweit vor den Konventionellen. Laut einer späteren Studie aus dem Jahr 2000 und bezogen auf den Ertrag (Bios brauchen relativ mehr Fläche) hat sich der Unterschied allerdings egalisiert.[9]

Sicher dürfte sein: Bio hilft dem Artenschutz. Auf ökologisch bewirtschafteten Ackerflächen kommen rund fünfmal mehr Wildpflanzen vor als im konventionellen Landbau, die Artenzahl ist um 57 Prozent höher. An den Rändern von Bio-Feldern kommen im ökologischen Landbau 25 Prozent mehr Vögel vor, auf den Ackerflächen im Herbst und Winter sogar bis zu 44 Prozent mehr.

11 Fliegende Bananen

Trotz dieser Vorteile – bio alleine ergibt noch keinen ökologisch korrekten Einkaufskorb! Biologische Erdbeeren zu Weihnachten, ägyptische Frühkartoffel, Bio-Bananen, die per Flugzeug aus der Dominikanischen Republik nach Deutschland gelangen, sind „ökologisch eigentlich nicht vertretbar", meint selbst Thomas Greim, Geschäftsführer und Besitzer der Denree VersorgungsGmbH, einer der größten europäischen Händler mit ökologischen Lebensmitteln.[10]

Angesichts des berechneten Energieaufwands für „fernreisende" Lebensmittel ist seine Einsicht nicht wirklich verwunderlich: So ergab etwa die Berechnung des Energieaufwandes für den Transport von einem Kilogramm Lebensmittel, wie Kiwi oder Lammfleisch aus Neuseeland, das per Flugzeug nach Europa transportiert wird, einen gleich hohen Betrag wie 6800 Kilogramm Lebensmittel aus der Region (100 Kilometer Umkreis), die per Lkw transportiert werden.[11]

Essen gegen die Hitze

Dass unser Ernährungssystem überhaupt einen Beitrag zu Treibhauseffekt und Klimaerwärmung liefert, ist auf den ersten Blick nicht unbedingt erkennbar. Und doch: Eine Studie aus der Schweiz kam zu dem Ergebnis, dass rund 15 Prozent des derzeitigen Energieverbrauchs von entwickelten Ländern für Produktion, Verarbeitung, Handel und Zubereitung der Nahrung verwendet werden.[15] Der in dieser Studie errechnete Primärenergieverbrauch (z.B. fossile Energieträger) für Nahrungsmittel beträgt in der Schweiz rund 570.000 kcal pro Person und Monat, das entspricht etwa 75 Liter Benzin! Auch in Bezug auf die Erderwärmung stimmen die Zahlen bedenklich: 15 bis 20 Prozent aller CO_2-Emissionen – Kohlendioxid als wichtigstes Treibhausgas – stammen aus dem Bereich der Lebensmittelproduktion. Der größte Teil davon – rund 52 Prozent – gehen nicht wie vielleicht angenommen zu Lasten der Verarbeitung und des Transports – diese sind im Durchschnitt „nur" zu sechs bzw. neun Prozent am Gesamt-CO_2-Ausstoß beteiligt –, sondern zu Lasten der Landwirtschaft![16]

▶ Orangensaft auf der Reise

Die Wahl zwischen Orangen- oder Apfelsaft ist keine reine Geschmacksfrage, denn gleich wissen Sie, dass Orangensaft – egal ob bio oder konventionell –, bis er bei uns im Tetrapack am Frühstückstisch steht, bereits rund 12.000 km Anfahrtsweg hinter sich hat (für EU-Staaten zu 80 Prozent aus Brasilien), während es ein Liter Apfelsaft im Durchschnitt auf „nur" 200 km Anreise bringt.[12] Doch auch hier wieder eine Relativierung – und zwar des Vereins „Klimabündnis Österreich" selbst[13]: Weil Orangensaft in der Regel auf acht Masseprozent eingedickt wird, bevor er in zwei (!) riesengroßen Containerschiffen pro Jahr nach Europa geschickt wird, verbraucht er beim Transport übers Meer weniger Energie, als später die Verteilung von 1-Liter-Packerln in Europa. Viel relevanter sei der jeweilige Energieverbrauch bei der Herstellungsmethode der Landwirtschaft – aber da ist bio eindeutig im Vorteil.

Wer außerdem auf bestimmte Obst- und Gemüsesorten außerhalb der hiesigen Erntesaison nicht verzichten will, nimmt automatisch in Kauf, dass sie entweder aus klimatisch günstigeren Regionen importiert werden oder dass sie aus energiefressender Treibhausproduktion stammen. Oder eine Kombination beider Varianten, wie das Beispiel von regelrechten Gewächshauslandschaften für die Tomatenproduktion für den europäischen Markt in der südspanischen Provinz Almeria zeigt.[14] Aber auch die Ökobilanzen von „Tomaten aus Österreich", die in den Wintermonaten aus beheizten Gewächshäusern stammen, lassen schaudern: Während ein Kilogramm konventionelle Freilandtomaten mit einem Energieeinsatz von 85 Gramm CO_2-Äqu./kg auskommt (bio 34 Gramm), benötigt ein Kilogramm Tomaten aus einem beheizten Gewächshaus für gewöhnlich eine Energiezufuhr von 9,3 Kilogramm (!) CO_2-Äqu./kg. Selbst Tomaten, die per Flugzeug z.B. von den Kanarischen Inseln nach Österreich transportiert werden haben mit 7,2 Kilogramm CO_2-Äqu./kg einen geringeren Energieverbrauch!!

Das sollten Sie wissen

■ Erste und wichtigste Regel: Lesen Sie die Etiketten der Produkte! – Herkunftsland und Produktionsweise (Wenn bio, dann muss es auch draufstehen!) sind in der Regel angegeben!

■ Essen Sie Bio-Lebensmittel: Der Umweltschutz kommt trotz aller Einschränkungen hier stärker zum Tragen als bei den konventionellen Pendants.

■ Essen Sie weniger Fleisch und mehr pflanzliche Lebensmittel. Ist nicht nur gesünder, sondern reduziert die Treibhausgasemissionen.

■ Kaufen Sie saisonal und regional! Obst und Gemüse, das in unserer Klimazone während der jeweiligen Jahreszeit im Freiland reift, ist immer der beste Tipp.

Tolle Knolle

*Wann Ei, Milch, Huhn & Co wirklich Bio sind –
und wann nicht.*

Die Endstation aller Versprechen aus der Bio-Produktionskette ist das Regal im Supermarkt. Doch gerade einige der beliebtesten Bio-Waren haben dunkle Punkte in der Vergangenheit, die  sie nur ungern der Öffentlichkeit preisgeben. Dieses Kapitel beschäftigt sich mit einigen Mythen und Irrtümern rund um Bio-Ei, Bio-Milch, Bio-Huhn & Co, die zutage treten, wenn man den Weg der Ware vom Regal zum Bauernhof zurückverfolgt.

Dabei zeigt sich, dass den Bios die Abgrenzung zu den konventionellen Produkten manchmal nur schwer gelingt. Eine Vermischung der Produktionsmethoden im Bewusstsein vieler Käufer ist die Folge. Dabei ist etwa die echt biologische Haltung von Hühnern nur ein kleiner Schritt in der Auszeichnung am Etikett, aber ein großer im Stall. Wissen Sie genau, wofür Sie den Preisunterschied zahlen, wenn 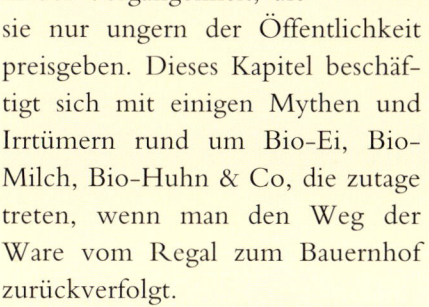 der gleiche Hersteller unter selbem Namen einmal biologische und dann wieder konventionelle Ware verkauft? Oder warum für den eigentlich geschmackbildenden Prozess bei der Herstellung von Wein auch in der Bio-Version auf im Labor selektionierte Hefestämme zurückgegriffen wird? Und dass Bio-Tiere auf dem Weg zum Schlachthof keineswegs erste Klasse unterwegs sind?

Wir greifen zu Bio-Ware, trotz eines höheren Preises. Daher erwarten wir zu Recht einen Mehrwert – doch der gleicht nicht immer den Minderwert aus, den wir im Geldbörsel spüren. Das nennt man dann Etikettenschwindel oder Bio-Lüge. Die Lehre für die Hersteller muss nicht immer sein, noch strengere Bestimmungen und peniblere Kontrollen zu erfinden – sondern manchmal, die Erwartungshaltung nicht künstlich höher zu schrauben, als sie ohnehin schon ist.

Wenn schon fettig, dann richtig?

Auch Bio-Olivenöl war an den bisher aufgedeckten Olivenölskandalen beteiligt.

Wer raffiniertes Maiskeimöl aus dem 5-Liter-Vorratskanister vom Diskonter verwendet, erweist sich als, nun ja, Pöbel, oder? Kenner setzen auf Olivenöl. Und Snobs wissen, dass Olivenöl „nativ extra vergine" aus der Vinothek den richtigen mediterranen Geschmack ergibt. Aber nur die wirklichen Aficionados legen gerne mal bis zu 50 Euro und mehr für den Liter auf den Ladentisch und tröpfeln kostbares Bio-Olivenöl andächtig in den Salat.

Wir müssen Ihre Andacht leider ganz kurz unterbrechen. Denn bei dem Boom, den Olivenöl in den europäischen Küchen in den vergangenen Jahren zu verzeichnen hatte, hinkt die Qualitätskontrolle offenbar den Erwartungen gerade auch bei Bio um Jahre hinterher. Das zeigt sich dann daran, dass bei so gut wie allen einschlägigen Tests von Olivenöl auch die Bio-Varianten immer wieder unangenehm auffallen. Man sieht einmal mehr, dass bio alleine noch nichts über Qualität aussagt.

Zuletzt etwa im Jahr 2005, als die Stiftung Warentest 26 Öle untersuchte. Neunmal gab es die Note mangelhaft – gleich fünf davon für Bio-Produkte. Die Branche war schockiert. Die Tester fanden ausgerechnet in der angeblichen Topliga Weichmacher (Di$_2$Ethylhexylphtalat, DHEP), die zumindest im Tierversuch als krebserregend eingestuft wurden, teilweise sogar in gesundheitsgefährdenden Dosen. Als Ursache stellten sich billige Plastikschläuche in den Ölmühlen heraus, die richtig ausgelaugt wurden. Ab 2006 versprachen alle Hersteller Besserung – und verpflichteten sich zu einer freiwilligen Selbstkontrolle.[1] Im selben Jahr untersuchte auch das Magazin „Der Feinschmecker" Billigöle der ersten Kategorie. Von den vier negativ bewerteten war wieder eines mit dem Zusatz bio am Etikett dabei.[2]

Aber auch die „natürlichen" Verfahren der Ölherstellung – so noch jemand danach verfährt und damit wirbt – haben so ihre Tücken: Wer tatsächlich neben einem Turm von aufgeschichteten Sisalmatten und Olivenbrei das langsam tröpfelnde Öl auffängt, riskiert eine Oxidation – und somit starke Geschmacksstörungen. Wer aber den Pressvorgang mechanisch zu sehr beschleunigt, erreicht eine starke Erhitzung durch Reibungswärme (bis zu 80 Grad) – ebenfalls qualitätsmindernd. Sicherer ist eine Pressung in modernen Schneckengetrieben – klingt halt nicht so bio.

Grundsätzlich sollten sich die Verbraucher nicht allzu naiv auf die offizielle Qualitätseinstufung verlassen, sondern ihrem eigenen Geschmack vertrauen: 2004 etwa war die Zeitung „Ökotest" am Zug: Fünf von 21 getesteten Spitzenölen (nativ extra vergine) waren „mangelhaft".[3] Und schon im Jahr zuvor fand die Stiftung Warentest bei einer einschlägigen Verkostung der Top-Qualitäten zwölf von 32 Proben „modrig", „ranzig" oder „stichig"[4]. Schon die Mengenrelationen sind verdächtig: Bestenfalls aus fünf Prozent einer Ernte kann das Öl der Qualitätsstufe „nativ extra vergine" gewonnen werden, in den Supermarktregalen stehen aber jedoch fast ausschließlich Produkte dieser Qualitätsstufe.

Grundsätzlich allerdings steht der biologische Ansatz natürlich auch für beste Geschmacksergebnisse, bedeutet er doch viel Handarbeit, Verzicht auf chemische Spritz- und Düngemittel, Kleinmengen für rasche Verarbeitung. Auch in Griechenland, Spanien oder Italien sorgen sich Bio-Verbände um die Einhaltung der notwendigen Standards, staatlich autorisierte Kontrollstellen überwachen das Ganze. Das alles hat seinen Preis und macht Billigware verdächtig.[5] Nicht einmal das dürfte sicher sein: Bei der Gourmetmesse 2006 in

Zürich wiederum errang ausgerechnet das „Corovita Bio Olivenöl" einen von der Fachhochschule Wädenswil vergebenen „Olio" und landete unter 148 vom Publikum verkosteten Proben auf dem dritten Platz.[6] Der Preis: lediglich zwölf Schweizer Franken pro Liter. Die Mitbewerber pendelten zwischen 20 und 78 Franken.

Das sollten Sie wissen

- Olivenöl ist ein heikles Produkt, das auch in seiner Bio-Version unter vielen handwerklichen Fehlern bei der Herstellung leiden kann.

- Ohne Abfülldatum sagen Haltbarkeitsdaten auf dem Etikett wenig aus. Lagerfähigkeit: maximal 18 Monate.

- Allzu niedrige Literpreise sind verdächtig. Beispiel: Fünf Euro pro Liter decken bestenfalls die Lohnkosten für einen griechischen Pflücker (sechs Euro/Stunde, 80 Kilogramm Oliven, ergibt zehn Liter Öl).

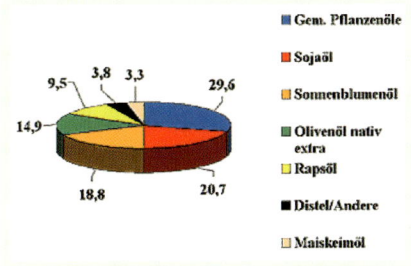

Gem. Pflanzenöle
Sojaöl
Sonnenblumenöl
Olivenöl nativ extra
Rapsöl
Distel/Andere
Maiskeimöl

Grafik: Alles in Öl[7] – Verbrauch in Österreich

Grand Reserve Ökologique?

Auch bei Bio-Weinen geht es nicht ohne Technik und Chemie ab.

Legt man die Konsumentensicht von Bio-Lebensmitteln auf Wein um, hieße das: glückliche Trauben – artgerecht gehalten, natürlich gefüttert und sanft gepflückt. Ganz ohne jegliche Chemie und Technik. Doch ganz so einfach ist es nicht, auch wenn die Weinwerbung dieses Bild nur allzu gerne aufrechterhält. Auch der Bio-Weinbau kommt nicht ohne Technik und Chemie aus. Und das ist in den entsprechenden gesetzlichen Richtlinien stärker berücksichtigt, als es die weichgezeichneten Klischees der Weinvermarkter widerspiegeln.

Stellen Sie sich den Weinkeller eines Bio-Winzers nicht unbedingt als muffelig-dunkle, lehmbodengestampfte Höhle vor, in denen ein paar moosbewachsene Holzfässer rumkugeln. Chromblitzende Edelstahltanks und elektronische Steuerungstechnik sind auch bei den Bios nicht unbekannt. Auch technische Eingriffe in die Vergärung, wie etwa die thermische Behandlung der Maische, das künstliche Belüften und Begasen des Weins unter Verwendung von Schutzgasen (CO_2, Stickstoff) oder das Filtrieren (durch natürliche Filterstoffe) sowie Konzentrationsverfahren (die lange unumstrittene Umkehrosmose, Kryoextraktion u.Ä.) sind erlaubt.[1] Maschineneinsatz bei der Ernte? Rechtlich kein Bio-Problem, auch wenn in einer Bio-Werbung kaum ein automatischer Traubenvollernter in den Weingärten zu sehen sein wird.

Schwefel und Kupfer, in welchen Verbindungen auch immer, sind auch bei den Bios die notwendigen, umstrittenen, aber gesetzeskonformen Spritzmittel der Wahl gegen Pilzbefall. Freilich in geringeren Dosierungen (maximal drei Kilogramm Kupfer pro Hektar/Jahr, mit Ausnahmegenehmigung allerdings auch mehr[2]) als bei den konventionell anbauenden Kollegen. Die Suche nach Alternativen, etwa bakteriellen Gegenspielern[3], ist im Gange, war aber bisher nicht erfolgreich.

Das Festhalten an diesen Behandlungsmitteln ist nicht ganz unumstritten: Zwar ist in nördlicheren, weil kühleren und feuchteren Regionen die Gefahr von Pilzkrankheiten weit höher. Aber gerade im biologischen Weinbau gilt eher der Grundsatz, durch handwerklich saubere Arbeit im Weingarten Weinstöcke widerstandsfähig gegen Erkrankungen zu machen. Schlechte Laubwandgestaltung, unangepasstes Boden- und Begrünungsmanagement

oder unsachgemäße Aufbringung der spärlich erlaubten Schutzmittel stellten Experten der Klosterneuburger Weinbauschule im Rückblick auf das Jahr 2004 als Problemverursacher fest.[4]

▶ Fremde Hilfe

Richtig unverständlich allerdings wird das Festhalten eines großen Teils der Bio-Organisationen am Einsatz so genannter Reinzuchthefen.[5] Hefen sind Pilze, die eigentlich im Weingarten vorkommen, und zwar in Bündeln mit bis zu 15 oder 16 unterschiedlichen Hefestämmen. Sie wandeln u.a. den vorhandenen Zucker bei der Vergärung in Alkohol und Kohlendioxid um.[6] Das Problem: Die einen stellen bei zu tiefen Temperaturen ihre Tätigkeit ein, die anderen vertragen Schwefel nicht. Dritte wiederum sind dem vielen Alkohol, der bei der Gärung entsteht, nicht gewachsen und sterben ab. Hilfe kam bereits 1976 aus den Laboren der Bio-Technologen, die aus diesen Bündeln so genannte Reinzuchthefen selektioniert haben − einzelne Stämme, deren Eigenschaften genau bekannt sind und das Risiko einer Fehlgärung, die unerwünschte Aromen in den Wein bringt, weitgehend ausschalten.

Kaltgärhefen beispielsweise funktionieren auch bei niedrigen Kellertemperaturen, andere Stämme sind speziell widerstandsfähig gegen Schwefeldioxid oder Alkohol. Dann gibt es wieder welche, die mit den Farbpigmenten besonders schonend umgehen, Ester bildende Hefen, die spezielle Fruchtaromen bilden, „Aromahefen", die dem Wein eine besondere Geschmacksnote verleihen. Winzer können im Handelsregal also ganz nach Geschmack und/oder Marktlage die passende Hefeart auswählen[7]: Der Hefestamm SIMI WHITE etwa „verändert stark die Aromatik der Sorten (exotische Fruchtaromen)", für fruchtige Weinaromen wäre etwa der Hefestamm UVAFERM SVG geeignet („selektioniert im Loire-Gebiet aus Sauvignon blanc"), und wer ausgesprochen „cremigen" Wein mit aromatischen Duftnoten will, sollte dagegen den Hefestamm LALVIN CY 3079 wählen. So bewirbt etwa die Firma Thonhauser, mit jährlich rund 26 Tonnen der grammweise eingesetzten Hefe Österreichs Marktführer in Sachen Reinzuchthefe, ihre Produkte. Durchaus mit Erfolg – ließen sich doch nach eigenen Angaben in den letzten Jahren Umsatzsteigerungen zwischen zehn und 15 Prozent erzielen.[8]

Für gutgläubige Bio-Weintrinker stellt sich die Frage, ob das Produkt aus dem Weingarten mit einem künstlich selektionierten Hefestamm (unter Umständen aus einer anderen Gegend) nicht mehr verfälscht wird, als es die vermarktete (und bezahlte) Bio-Idee eigentlich zulässt? Zumal etwa das intensive Aroma, das durch die Verwendung von Reinzuchthefe unter Umständen früher als auf natürlichem Weg freigesetzt wird, ebenso früh wieder schwindet, so Herbert Schödl von der Bundesanstalt für Wein- und Obstbau Klosterneuburg.[9]

▶ Hohe Schule

Dennoch kann man den biologischen Weinbau als die hohe Schule der Winzerei bezeichnen, gerade weil er auch auf viele künstliche Hilfsmittel wie chemisch-synthetische Pflanzenschutzmittel und Kunstdünger verzichtet und dennoch, je nach Geschick des Winzers, hervorragende Weine liefert, die den Vergleich mit konventionellen Weinen in keinster Weise zu scheuen brauchen, wie Verkostungen immer wieder zeigen. Etwa auf der Biofach 2007, wo 85 österreichische Bio-Weine prämiert wurden[10]. Auch sind einige gängige Kellereimethoden aus dem konventionellen Weinbau, wie etwa Holzchips zur geschmacklichen Simulation von Fassreifung, schlicht verboten. Und spät aber doch (im April 2006), hat zumindest ein Bio-Verband (demeter) seinen Mitgliedern die Verwendung von Reinzuchthefen (mit Ausnahme für die Sektherstellung) untersagt.[11]

Das sollten Sie wissen

- ▪ Bio-Wein bedeutet nicht Verzicht auf jegliche Technik und Chemie in Weingarten und Weinkeller.

- ▪ Pflanzenschutzmittel wie Kupfer, Verarbeitungshilfsstoffe wie Schwefel sowie Reinzuchthefen aus künstlicher Selektionierung zählen – wie bei den Konventionellen – zu den erlaubten Behandlungsmitteln.

- ▪ Dennoch zählt Bio durch den Verzicht auf Kunstdünger, synthetische Pflanzenschutzmittel und Berücksichtigung des natürlichen Gleichgewichts im Weingarten zu den Vorbereitern der hochqualitativen Terroir-Weine, Weine mit „Herkunftsgarantie".

Alles Essig?

Wo „biologisches Gärverfahren" draufsteht, muss kein „Bio-Essig" drin sein.

Mit Essig wird im Volksmund bald einmal etwas bezeichnet: Sogar Entkalkungsmittel für die Kaffeemaschine etwa, kratzig saure, chemisch-synthetisch hergestellte, auf ätzende 60 bis 80 Volumsprozent verdünnte Essigsäure (rechtlich: „Essig-Essenz"). Viel eher stimmts, wenn am Etikett „reiner Gärungs-Essig" steht. Und Ökoliebhaber freuen sich speziell, wenn sie noch „im biologischen Gärverfahren hergestellt" lesen: Aber: Letzteres beschreibt nur das gängigste Herstellungsverfahren für Lebensmittelessig, hat nichts mit biologischer Landwirtschaft zu tun und sagt auch nichts über seine Qualität aus.

Nicht erst seit Beginn der biologischen Landwirtschaft ist die Herstellung von Lebensmittelessig ein „biologischer Prozess": Essigbakterien oxidieren den Alkohol von Flüssigkeiten, wie zum Beispiel Wein, Obstwein oder Weingeist (96 Volumsprozent reiner Alkohol) in Anwesenheit von Sauerstoff zu Essig.[1, 2] Die Qualität des Ausgangsprodukts, die Art der Reifung und Verarbeitung sind dafür ausschlaggebend, ob das Endprodukt eine Flüssigkeit ergibt, die sich bestenfalls zum sauren Einlegen von Gurken oder Rollmöpsen eignet. Oder ob daraus ein echter „Aceto Balsamico Tradizionale di Modena" wird, der pro Liter 50 Liter Most aus speziellen Traubensorten benötigt, mindestens zwölf Jahre Reifezeit in Holzfässern aus fünf Holzsorten auf dem Buckel hat und – beim käuflichen Erwerb – 100 € und mehr für kleine 100-ml-Fläschchen kostet.[3] Der handelsübliche, billigere „Aceto Balsamico di Modena" unterscheidet sich in der Bezeichnung zwar nur durch das Wörtchen „Tradizionale" vom Original, in der Herstellung vor allem aber dadurch, dass er aus Traubenmostkonzentrat und Weinessig unterschiedlicher Qualitäten und Mengenverhältnisse gemischt wird und schließlich noch Zugaben von u.a. Zucker, Schwefeldioxid (E220) als Antioxidationsmittel und Zuckerkulör (z.B. E150D) als Farbstoff enthält. Echter Bio-Essig wird natürlich auch im biologischen Gärverfahren hergestellt, aber aus biologischen Ausgangsprodukten, z.B. Wein aus Bio-Trauben oder vergorenem Bio-Apfelsaft, und natürlich ohne den Zusatz von künstlichen Aromen oder Farbstoffen.[4]

Das sollten Sie wissen

Die Kennzeichnung „mittels biologischem Gärungsverfahren hergestellt" garantiert lediglich das Herstellungsverfahren mit Hilfe von Essigbakterien, egal ob Bio oder Nicht-Bio.

Weiße Unschuld?

*Beim Hauptumsatzbringer Milch wird werblich getrickst,
dass sich die Supermarktregale biegen.*

Zum einen ist Abkupfern irgendwie unmoralisch. Zum anderen aber auch irgendwie ein Kompliment für das Original. Vor allem bei Bio-Milch als weitaus stärkstem Bio-Produkt im Lebensmittelhandel[1] gibt es jede Menge ökologischer Trittbrettfahrer, die aber nicht daran denken, wirklich umfassend entsprechende Standards einzuhalten. Marketingstrategen nützen aus, dass einzelne Bio-Argumente bei den Konsumenten bereits so verankert sind, dass deren Betonung in der Werbung umgekehrt die zum Kauf anreizende Assoziation mit Bio hervorruft – ohne dass Bio ausdrücklich erwähnt werden muss.

Der Zusatz „gentechnikfrei" etwa hat sich in Österreich als zugkräftiges Argument für Milch herausgestellt. Die größte österreichische Molkerei NÖM etwa ließ sich schon 2005 für eine entsprechende Totalumstellung ihrer Produktion feiern.[2] Allerdings: Mit biologisch hat das nichts zu tun – auch wenn umgekehrt natürlich jede biologisch hergestellte Milch automatisch gentechnikfrei ist und somit bei gutgläubigen Käufern leichte Verwirrung entstehen könnte. „A faire Milch" wiederum, ebenfalls werblich aufgemacht mit der einzelnen Kuh als Synonym für die heile Bauernwelt, ist bestenfalls ein (durchaus legitimer) Versuch der Interessenvertretung IG-Milch, den Milchbauern über einen höheren Verkaufspreis eine Art Regionalbonus zukommen zu lassen – aber lange nicht bio, sondern konventionell.

▶ Zurück wohin?

Noch deutlicher wird der Versuch, am Bio-Milchprestige mitzunippen, ohne die Voraussetzungen zu erfüllen, etwa bei einem Label der Lebensmittelkette Hofer: Der ehemalige Bio-Papst und Erfinder der bekanntesten Bio-Marke „Ja!Natürlich", Werner Lampert, hat für den Paradediskonter die Marke „Zurück zum Ursprung" entwickelt. Allerdings, ohne wirklich Bio zu sein. Die eingebundenen Zulieferbetriebe dürfen leicht lösliche, mineralische Stickstoffdünger und chemisch-synthetische Pflanzenschutzmittel verwenden und unterliegen nicht den strengen Kontrollmechanismen für echte Bio-Lebensmittel. Die eingesetzten Werbemittel sind aber so nah an bekannten Bio-Klischees dran, dass eine Verwechslung durchaus im Bereich des Möglichen scheint. „Die inhaltliche Bewerbung der neuen Marke mittels Postwurfsendungen, TV-Spots und Internetauftritt verunsichert viele

Konsumenten, was die Produktionsweise betrifft", beklagte demnach auch Bio-Austria, Österreichs Dachverband aller Bio-Bauern in einer Aussendung.[3]

Dass Lampert noch einen Schritt weiter geht, indem er die silofreie Fütterung der Kühe betont, trifft die Bios ganz besonders, denn (biologisches) Silofutter ist laut Bio-Richtlinien durchaus erlaubt. Andererseits hat genau der Punkt – solange er handwerklich beherrscht wird – wenig mit Milchqualität zu tun, zeigt etwa eine Untersuchung der Eidgenössischen Forschungsanstalt für Nutztiere und Milchwirtschaft erst (ALP)[4] 2005, die genau wissen wollte, ob das Argument „silofrei" ein stichhaltiges für Milchprodukte ist. Nein, sagen die Forscher: Weder beim Gehalt an Fett, Eiweiß, Laktose oder Gesamtstickstoff noch bei den Vitaminen A, E und B1 gab es Unterschiede. Auch Helmut Foissy von der Boku Wien berichtet etwa bei einem Symposion über Tierernährung im Jahr 2004 von Zweifeln, den Vorteil von Almmilch (= silofreie Fütterung) nachzuweisen.[5] Eine Studie in den Niederlanden im Jahr 2005 wiederum bringt die Milchqualität (gemessen am Gehalt von gesundheitsfördernden Omega-3-Fettsäuren) eher mit der Art der Silage (Rotklee statt Mais) in Verbindung.[6]

Freilich: Manchmal verkaufsfördernd auch als „Heumilch" promotet hat silofreie Milch durchaus Vorteile – weniger für die Milchqualität als für die Ökobilanz einer Region[7]: Schließlich kommt es beim großflächigen und frühzeitigen Schnitt für die Silage zum Artenverlust für Pflanzen und Lebensraumverlust für Tiere. Die kleinräumige Arbeitsweise

bei der Heugewinnung umgekehrt passt besser zur Idee einer kleinstrukturierten, nachhaltigen Landwirtschaft. Und: Manche Käsehersteller verzichten auf Silomilch, da diese das Risiko von Reifungsstörungen erhöht. Manche Sorten (Emmentaler, Bergkäse) können anders gar nicht hergestellt werden.

Das sollten Sie wissen

- Gerade beim umsatzstarken Produkt Milch bemühen Marketingexperten gerne Bio-Klischees, ohne bio zu sein.

- Der Verzicht auf Silagefütterung ist für die Käseherstellung wichtig – weniger für die Trinkmilch.

- „Gentechnikfrei" heißt auch in einer Molkerei nicht automatisch Bio, aber umgekehrt heißt Bio immer auch „gentechnikfrei".

Maja summ herum?

Jede Biene handelt von Natur aus biologisch, nicht aber jeder Imker!

Ein natürlicheres Nahrungsmittel als Honig? Für viele kaum vorstellbar. Während sonst überall längst Lebensmittelchemiker an den Rezepturen feilen, um einen ansprechenden Geschmack hinzubekommen, überlässt das der Imker doch immer noch seinen Bienen. In der Honigwerbung summt es daher nur so von Bezeichnungen wie „echt", „natürlich", „reines Naturprodukt" usw. Allerdings: Wer den Versprechungen glaubt und nicht wirklich bei einem zertifizierten Bioimker einkauft, könnte sich ordentlich gestochen haben. Biene Maja wird bei konventionellen Honigproduzenten künstlich nachgeholfen, alles, nur „nicht Natur pur", wie es das deutsche Konsumentenschutzmagazin „Ökotest" bei einem Honigtest ausdrückte.[1]

▶ **Routenplanung für Bio-Bienen?**

Ein Hauptproblem für das süße Naturprodukt konventioneller Machart: Bienen lassen sich nun mal nicht vorschreiben, welche Blüten sie besuchen. Gerade die Nähe zu Autobahnen etwa könnte für höhere Konzentrationen von Blei und Kadmium im Honig verantwortlich sein, mutmaßt etwa die Verbraucherzentrale Südtirol.[2] Bei neun Prozent der 2006 untersuchten deut-

schen Honige wiederum fanden sich laut Landesanstalt für Bienenkunde der Universität Hohenheim Rückstände des im Rapsanbau verwendeten Fungizids Boscalid.[3]

Darüber hinaus sind konventionelle Imker manchmal alles andere als zimperlich im Umgang mit ihren Bienenvölkern. Ist es ihnen doch beispielsweise erlaubt, den Königinnen einen Teil ihrer Flügel abzuschneiden, damit sie in der Zeit des Ausschwärmens nicht so leicht mit ihrem Volk auf und davon fliegen. Außerdem verwenden sie für den Bau der Bienenwohnung zunehmend Styropor oder Hartschaum und für die Wabenrähmchen und einen Teil des Wachses pflegeleichten Kunststoff.

Auch bei der Schädlingsbekämpfung wird nicht lange gefackelt: Bei den jährlichen Untersuchungen der genannten Landesanstalt für Bienenkunde fanden sich 2006 in 14,6 Prozent der deutschen Honige auch Rückstände des synthetischen Milbenbekämpfungsmittel Perizin. Das Bienenwachs war sogar bei einem Drittel der Proben in Mengen bis zu 10 mg/Kg Perizin belastet. Oder: Als die Stadt Basel im Jahr 2003 Schweizer Honig untersuchte, fand sie in 31 Prozent der Proben grenz-

wertüberschreitende Rückstände des Mottenbekämpfungsmittel PDCB (1,4-Dichlorbenzol).[4] In Billigimportländern wie Argentinien, Mexiko und China werden Bienen-Krankheiten, wie die berüchtigte Faulbrut, beispielsweise mittels Antibiotika behandelt, die sich zum Teil als Rückstände im Honig wiederfinden. Ein EU-Importverbot für chinesischen Honig allerdings wurde inzwischen wieder aufgehoben.[5]

Ganz anders dagegen die Bio-Imker, von denen es in Deutschland allerdings nur 250 gibt (bei insgesamt rund 76.000 Imkern mit etwa 800.000 Bienenvölkern). Ihre Bienenstöcke müssen mindestens drei Kilometer entfernt von konventionellen und in der Regel mit chemisch synthetischen Pflanzenschutzmitteln behandelten Kulturen stehen.[6] Auch bei der Bekämpfung der Varroa-Milbe, einem aus Asien eingeschleppten Parasiten, werden nur Ameisensäure oder ähnliche organische Säuren anstelle von chemisch synthetischen Medikamenten eingesetzt.

Als „Tranquilizer", der die Bienen bei der Ernte beruhigen soll, kommt im Bio-Landbau statt chemischer Abwehrmittel der immer noch bewährte „Smoker" zum Einsatz, bei dem Sägespäne oder vermodertes Holz verbrannt und die Bienen „eingeraucht" werden. Der höhere Preis für Bio-Honig ergibt sich nicht zuletzt durch die speziellen Vorgaben für die Fütterung im Winter: Nur das Feinste vom Feinen kommt auf den Tisch bzw. in den Bio-Stock – nämlich entweder eigener Bio-Honig oder bei Zufütterung ausschließlich Bio-Zucker.

Zu guter Letzt: Glückliche Bienen wohnen ausschließlich in Bienenstöcken aus natürlichen Materialien wie Holz oder Stroh, chemische Holzschutzmittel für die Bienenkästen sind verboten. Ausschließlich nachweislich rückstandsfreies Wachs darf ein Bio-Imker seinen Bienen zur Verfügung stellen! Und, Tierfreunde aufgepasst: Flügelbeschneidungen in der Bio-Imkerei sind nicht erlaubt.[7]

Das sollten Sie wissen

- Konventioneller Billighonig ist oft alles andere als ein reines Naturprodukt.

- Die Unterschiede zu Bio-Honig zeigen sich vor allem im Verzicht auf chemisch-synthetische Insektizide zur Schädlingsbekämpfung und in der konsequenten ökologischen Fütterung der Bienen.

- Bio-Bienenstöcke müssen drei Kilometer Abstand zu konventionellen landwirtschaftlichen Flächen halten.

Ich wollt, ich wär ein Freilandhuhn?

Von Freiland zu Bio-Ei: ein kleiner Schritt am Etikett, ein großer im Hühnerstall.

Jedem österreichischen Haushalt seine eigene Henne. Rund fünf Millionen Legehennen arbeiten zurzeit für Herrn und Frau Österreicher unter sehr unterschiedlichen „Arbeitsbedingungen". Mit einem jährlichen Durchschnittsverbrauch von 230 Eiern pro Kopf und Nase liegen wir im europäischen Spitzenfeld.[1] Nur ca. 75 Prozent des Bedarfs können österreichische Hühner trotz Höchstleistungen von bis zu 250 Eier je Huhn und Jahr decken, der Rest wird aus anderen EU-Staaten, v.a. Niederlande und Belgien, importiert und stammt in der Regel aus Käfighaltung. Bodenhaltung, Freilandhaltung, Bio-Freilandhaltung … die Möglichkeiten, unser Gewissen zu beruhigen, sind mittlerweile in jedem Supermarkt gegeben und es entscheidet letztendlich ein finanzieller Mehraufwand von wenigen Cent über die Lebensbedingungen „meines" Huhns. Allerdings: In welche alternative Haltungsform diese Cent am besten investiert sind, ist oft nicht klar – zu nahe liegen zur Freude vieler konventioneller Eiervermarkter vor allem Freiland- und Bio-Freilandhaltung in der Wahrnehmung der Konsumenten beisammen. In Wirklichkeit ist die gut klingende, aber konventionelle Freilandhaltung von Bio so weit weg wie ein Hendl vom Fliegen.

In der Freilandhaltung finden Hühner zwar bezüglich ihres Grünauslaufes alles, was sie zum Ausleben ihres vollen Verhaltensspektrums benötigen: Nicht im Stall, denn dort sind nur 1 m² für sieben Hühner vorgesehen, jedoch hat jedes Huhn mindestens 10 m² Grünauslauf zu Verfügung, der tagsüber uneingeschränkt zugänglich sein muss. Nur nebenbei: Auf der Fläche, die einem Freilandhuhn zur Verfügung steht, könnten in der Käfighaltung auf drei Etagen 666 Hühner gehalten werden.

Der Unterschied zur Bio-Freilandhaltung[2], der „Königsklasse" unter den Eiern, besteht auch weniger im zur Verfügung stehenden Platz – sechs Hühner/m² im Stall und ebenfalls 10 m² Auslauf im Freien für jedes Huhn –, sondern vielmehr in der Art der Fütterung und des vorbeugenden Medikamenteneinsatzes: Während es in der konventionellen Geflügelzucht und so auch bei der Freilandhaltung gang und gäbe ist, den Hühnern schon präventiv Medikamente z.B. gegen Hühnerdurchfall zu verabreichen, dem Futter Farbstoffe für eine besonders intensive Dotterfarbe und in der Geflügelmast synthetische Aminosäuren zum schnelleren Muskelwachstum beizumischen, sind all diese Zusätze bei der biologischen Hühnerhaltung verboten. Sowohl der Stall als auch der Auslauf müssen den natürlichen Bedürfnissen der Hennen angepasst sein – Sitzstangen, ausreichend viele Nester, keine künstliche Dauerbeleuchtung, mindestens acht Stunden „Nachtruhe"… Optimale Bedingungen für die Hühner-Damen.

▶ Boomendes Bio-Ei?

Ein wenig relativieren muss man allerdings die Jubelmeldungen über den unglaublichen Boom von Bio-Eiern. Laut Markterhebungen der AMA hat sich zwischen 2002 und 2005 der Marktanteil an Bio-Eiern im Lebensmitteleinzelhandel verdreifacht und liegt nun bei rund 20 Prozent.[3] Damit sind Bio-Eier tatsächlich das bestverkaufte Bio-Produkt im Lebensmitteleinzelhandel. Die leichte Nachvollziehbarkeit der Haltungsform (seit Juli 2005 ist die Kennzeichnung der Haltungsform auf jedem Ei vorgeschrieben), die Aufklärungskampagnen von Tier- und Umweltschutzorganisationen und die guten Bezugsquellen in den Supermärkten scheinen dafür hauptverantwortlich zu sein.

Allerdings: Gemessen am österreichischen Gesamtverbrauch, also auch inklusive der in der Lebensmittelindustrie und Gastronomie verarbeiteten Eier, lag der Bio-Anteil lediglich bei rund sieben Prozent.[4] „Was der Käufer nicht weiß, macht ihn nicht heiß" – ohne Kennzeichnungspflicht der Haltungsform der verwendeten Eier auf den Etiketten der verarbeiteten Lebensmittel sind die teureren Bio-Eier in der Lebensmittelindustrie praktisch nicht vertreten.

Und nicht nur Bio-Eier, auch Eier aus Freiland- oder Bodenhaltung wird man in verarbeiteten Lebensmitteln oder der Gastronomie in der Regel vergebens suchen. Ab 1.1.2009 dürfen in Österreich zwar keine Eier mehr aus Käfighaltung produziert werden und Österreichs Supermarktketten beispielsweise einschließlich der Diskonter haben sich schon im Sommer 2006 geschlossen dafür entschieden, keine Käfigeier, die sich bislang hinter beschönigenden Bezeichnungen wie „Landeier" oder „Eier vom Bauernhof" verbargen, in ihrem Sortiment zu führen. Aber: Dieses freiwillig auferlegte Käfigeierverbot beziehen die Supermarktketten nur auf die so genann-

18   Chicken-Business

Obwohl zwar die Hälfte aller österreichischen Bio-Bauern Legehennen hält, haben 95 Prozent von ihnen weniger als 500 Tiere und produzieren großteils für die Direktvermarktung oder den Eigenbedarf.[7] Demgegenüber steht die organisierte Bio-Eier- und Bio-Masthühnerproduktion für die Vermarktung im Lebensmitteleinzelhandel: 80 Prozent der österreichischen Bio-Eier werden von lediglich zwei Firmen vermarktet. Rund 100 Bio-Bauern beliefern die Firma Toni Hubmann, die neben der Bio-Schiene für die Supermarktketten auch eine Eigenmarke mit konventionellen Freilandeiern betreibt.[8] Der zweite Gigant ist die Geflügel-GmbH Schlierbach, die für ihre Bio-Schiene von rund 80 Bio-Betrieben mit Bio-Eiern beliefert wird und v.a. an die Marke Ja!Natürlich von Billa/Merkur liefert.

Der Verkauf von Bio-Hühnerfleisch liegt verglichen mit dem von Bio-Eiern weit abgeschlagen. Nur rund 1–1,5 Prozent der in Österreich geschlachteten Hühner werden als Bio-Hühner verspeist. Die verglichen mit konventioneller Billigproduktion deutlich höheren Preise und die mangelnde Zahlungsbereitschaft vieler Konsumenten für ein qualitativ hochwertiges Produkt sind die Hauptgründe, weshalb in vielen Filialen der Supermarktketten kaum Bio-Hühnerfleisch zu bekommen ist. Die doppelt so lange Mastdauer – durch das Verbot von synthetischen Aminosäuren als Futterzusatz wachsen die Muskeln von Bio-Hühnern wesentlich langsamer –,

die höheren Kosten für das Futter – gentechnisch veränderter Sojaschrot, ein wesentlicher Bestandteil konventioneller Futtermittel ist nun mal billiger als gentechnikfreies Futter – und die geringeren Besatzdichten mit höheren anteiligen Stallkosten schlagen sich natürlich im Endpreis nieder.[9]

Auch die Bio-Geflügelmast liegt in Händen von wenigen Großbetrieben: 90 Prozent der geschlachteten Bio-Masthühner werden von nur drei Schlächtereien vermarktet. Von neun Hühnern und einem Hahn auf 15 Millionen (!) geschlachtete Masthühner pro Jahr – so lautet etwa die Erfolgsbilanz aus fast 50 Jahren von Hermine Wechs Geflügel-Imperium,[10] dass durch den Verkauf über die Marke Ja!Natürlich für den Bio-Konsumenten im Supermarkt präsent ist. Die „Bäuerin Hermine" hat über 200 Vertragsbauern und liefert drei Viertel aller Bio-Hühner Österreichs …

ten „Frischeier" (in Schale). Solange noch keine Kennzeichnungspflicht für Käfigeier in verarbeiteten Lebensmitteln besteht, essen wir also immer noch ohne unser Wissen Käfigeier „verpackt" in z.B. Teigwaren, Mehlspeisen oder Mayonnaisen oder in der Gastronomie, wo selbst bei manchen Haubenköchen in den Küchen von Luxushotels nur die billigsten Eier verwendet werden.[5]

▸ Dauerdisco oder Sonnenschein?

Verglichen mit den Bedingungen der Käfighaltung kann sich natürlich jedes Freilandhuhn, egal ob bio oder konventionell, glücklich schätzen. Die im Käfig einer Henne zur Verfügung stehende Gitterfläche beträgt gerade einmal zwei Drittel einer DIN-A4-Seite. Bewegung, selbst das Flattern ist nicht möglich, und natürliches Licht ist ihnen ebenfalls nicht vergönnt. Leuchtstoffröhren, wie sie in konventionellen Ställen üblich sind, werden vom Hühnerauge, das ein wesentlich besseres Auflösungsvermögen wie das menschliche Auge besitzt, als Stroboskoplicht empfunden, das den Käfig noch zusätzlich zu einer „Dauerdisco" für die Hennen macht.[6] Den Hühner-Kolleginnen in der konventionellen Bodenhaltung geht es übrigens nicht viel besser: Sie müssen sich zwar nicht in einem Käfig zusammenpferchen lassen, aber ihr Bewegungsraum ist bei einer Besatzdichte von in der Regel sieben Hühnern/m² ohne Auslaufmöglichkeit ebenfalls mehr als begrenzt. Tageslicht? – leider nein. Auch Sitzstangen zum artgemäßen Ruhen suchen sie vergebens. Rund 1,8 Millionen, rund 35 Prozent der österreichischen Legehennen, werden auf diese Weise gehalten.

Das können Sie glauben

■ Freilandhaltung ist zwar wesentlich tierfreundlicher als Käfig- oder Bodenhaltung, ist vom Bio-Niveau aber noch ein gutes Stück entfernt – auch wenn werblich die Unterschiede verwischt werden.

■ Die wesentlichen Unterschiede liegen bei der Fütterung, vor allem beim Verbot von präventiv verabreichten Medikamenten und Muskelaufbaupräparaten.

■ Die mangelnde Deklarationspflicht bei verarbeiteten Lebensmitteln öffnet die Türe für die von Konsumenten unbemerkte Verwendung von Käfigeiern.

■ Seit 2004 ist die Einzelkennzeichnung bei Frischeiern verpflichtend, die erste Zahl gibt die Haltungsform an:
0 für Bio,
1 für Freilandhaltung,
2 für Bodenhaltung,
3 für Käfighaltung.

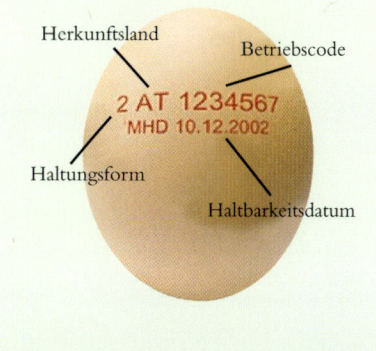

Herkunftsland
Betriebscode
2 AT 1234567
MHD 10.12.2002
Haltungsform
Haltbarkeitsdatum

ESL-Milch ist kuhl?

Hocherhitzt ist auch Bio-Milch weder Kuh-frisch noch natürlich.

Dass Milch heutzutage nicht mehr richtig sauer, sondern pünktlich zum Verfallsdatum zu einer stinkenden Brühe wird, haben wir Konsumenten ja schon gelernt. Aber keine Angst: Zumindest das hat weniger mit bösen Zusatzstoffen zu tun, sondern eher mit einem perfekten Kühlkreislauf, der die Bakterien für die Milchsäuerung viel zu früh abtötet – sodass die unempfindlicheren Fäulnisbakterien später leichtes Spiel haben. Dass das weiße Grundnahrungsmittel neuerdings aber sogar drei Wochen lang frisch sein kann – an das müssen wir uns erst einmal gewöhnen. Speziell bei Bio-Milch, die ebenfalls plötzlich mit einem „Länger frisch"-Label im Supermarktregal und bei uns daheim im Kühlschrank wider jedes besseren Gefühls wochenlang frische Natur vorgaukelt. Die Gefahr, dass Bio-Fans mit dem dahinterstehenden ESL (Extended Shelf Life-)Verfahren zum gutgläubigen Konsumenten-„Esel" werden, ist hoch. Lässt es sich doch nur mittels einer äußerst großzügigen Interpretation mit den Bio-Gedanken verbinden.

▶ Heiss-kalt

Für das herkömmliche Pasteurisieren wird Milch (unter anderem) für bis zu 40 Sekunden auf 72 bis 75 °C erhitzt und damit 99 Prozent aller Keime abgetötet. Haltbarkeit: bis zu zwölf Tage, und die Vitamine bleiben großteils erhalten. Das in Europa gängige ESL-Verfahren hingegen sieht eine deutlich höhere Erhitzung der Milch vor – und zwar auf bis zu 125 °C, das dafür aber nur äußerst kurz. Das ist knapp weniger als bei ultrahoch erhitzter „H-Milch", die auf rund 135 °C erhitzt wird und ungeöffnet bei Zimmertemperatur bis zu sechs Monate haltbar bleibt.[1] Bei modernen Anlagen wird das durch eine Dampfinjektion erreicht, die vor allem die so genannten Sporenbildner (z.B. Bakterium cereus, Bacterium subtilis) weitgehend eliminiert. Danach folgt eine „Entspannungskühlung" – durch Druckabfall – auf unter 90 °C, mittels Eiswasser wird weiter auf vier Grad abgekühlt. Die Haltbarkeit wird so auf bis zu 21 Tage verlängert.[2]

Logistisch hat dies für Konsumenten natürlich schöne Vorteile: immer trinkbare Milch im Kühlschrank, nie wieder verdorbene Packerl. Doch der Prozess bleibt nicht ohne Auswirkung auf das Produkt – auch wenn sensorisch zumindest Durchschnittskonsumenten keinen Unterschied schmecken dürften. Zwischen zehn bis 20 Prozent der Vitamine gehen dabei – laut Hersteller – sofort verloren. Das lösliche Beta-Lactoglobulin (Milchprotein, vorwiegend zur Käseherstellung) wird auf 1600 mg/l halbiert (pasteurisierte Milch hat noch 3100 mg/l)[3]. Die lange sensorische Haltbarkeit hat zudem wenig mit der Haltbarkeit der Inhaltsstoffe zu tun – „speziell die Vitaminstabilität bedarf noch weiterer Abklärungen", schreibt die Eidgenössische Forschungsanstalt für Milchwirtschaft in der Schweiz in einer Analyse über Vor- und Nachteile der ESL-Milch.[4] Am Ende der Haltbarkeit sei etwa die Folsäure komplett verschwunden. Die lange „Frische" scheint ziemlich inhaltsleer.

Die Grenzen zur Ultrahocherhitzung sind fließend (als Grenze gilt: Peroxidase positiv, eine enzymatische Reaktion), auch die Behandlung von separierten Einzelbestandteilen von Milch (Baktofugieren, Mikrofiltrieren) ist möglich. Aber schon die Frage, ob diese Milch unter der Bezeichnung „länger frisch" zu vertreiben ist, ist mehr als umstritten. Anders als bei eindeutig deklarierter und somit dem Konsumenten bewusster Bio-Haltbarmilch wird bei ESL-Milch der „Frischecharakter" marketingmäßig in den Vordergrund gespielt. Diesem beim Konsumenten hervorgerufenen Eindruck kann schon konventionelle Milch nicht gerecht werden, und Bio-Milch schon gar nicht.

Ganz abgesehen davon, dass die lange Haltbarkeitsdauer in mehreren europäischen Ländern schlichtweg gegen die lebensmittelrechtlichen Definitionen für Frischmilch verstößt.

▶ Demeter sagt Nein

Die Rechtslage ist klar: Nach EU-Bio-Verordnung ist dieses Verfahren auch für Bio-Milch zulässig. Die Bio-Verbände aber sind sich nicht einig: In der Schweiz etwa ist das ESL-Verfahren für Bio-Milch nach den Richtlinien des Schweizer Verbands Bio Suisse verboten – in Österreich hingegen nach den Richtlinien des Dachverbandes Bio-Austria erlaubt. Nicht allerdings nach den Richtlinien des Demeter-Verbandes.[5] Natürlich werden die Bestandteile in Bio-Qualität geliefert, argumentiert Demeter – die Verarbeitung habe aber nichts mehr mit dem Belassen eines Ursprungszustandes zu tun.[6]

Zumal noch mehrere – wie das Forschungsinstitut für biologischen Landbau (FIBL) kritisiert[7], ebenfalls nicht deklarationspflichtige – Verarbeitungsschritte dazukommen, um das ESL-Verfahren überhaupt erst effizient zu machen: ESL-Milch ist nur deswegen so lange haltbar, weil sie zum einen unter deutlich sterileren Bedingungen verarbeitet wird als normal pasteurisierte Milch. Die Hocherhitzungsmethode alleine würde bestenfalls eine Verlängerung von zwei Tagen bringen.[8]

Auch setzt das ESL-Verfahren zwingend eine Homogenisierung voraus. Das ist zwar von der EU-Ökoverordnung durchaus erlaubt und Standard bei so gut wie allen Milchangeboten, konventionellen wie biologischen, aber stößt Bio-

Fundamentalisten sauer auf, die hier einen Technologiezwang sehen. Sie machen – entgegen der gängigen Meinung der meisten Ernährungswissenschafter – u.a. die Homogenisierung für die steigende Milchallergie vieler Kleinkinder mit verantwortlich.[9] Mit den zerkleinerten Fettanteilen sollen nämlich auch vermehrt Proteine sehr schnell in großer Menge durch die Magenwand in den Blutkreislauf gelangen und dort für Irritationen sorgen, schreibt etwa der Forschungsring e.V., eine Einrichtung des deutschen Demeter-Verbandes in einer Stellungnahme.[10] Und dieser hat daher in seinen Richtlinien auch die gezielte Homogenisierung für seine Trinkmilch untersagt (akzeptiert wird lediglich, dass auch bei normalen Verarbeitungsschritten wie Abpumpen Homogenisierungseffekte von bis zu 30 Prozent auftreten können).

Das können Sie glauben

- Die längere Haltbarkeit der so genannten ESL-Milch („länger frisch") wird auch in der Bio-Version durch sterile Verarbeitungsbedingungen, kurze Hocherhitzung (bis 125 Grad Celsius), rasche Abkühlung erreicht – „frisch" ist sie nicht.

- ESL-Milch enthält nur zu Beginn der Haltbarkeitsfrist mehr Inhaltsstoffe als H-Milch, schmeckt aber eher wie Frischmilch.

- Jede Milch im Handel, auch Bio-Milch, ist gezielt homogenisiert. Ausnahme: Demeter-Milch.

Champion Champignon?

Eine lasche EU-Regelung ermöglicht Dreiviertel-Bio-Pilze.

Oliven mag man oder nicht. Spinat auch. Oder Schwammerl. Ein Dazwischen gibt es nicht. Allerdings, geht es nach der EU-Öko-Verordnung, gibt es für Bio-Pilze doch ein Dazwischen: bei den Zuchtvorschriften. Zum Ärger nicht nur von Bio-Fundis, die das EU-Bio-Zeichen auf Schwammerl für eine Bio-Lüge[1] oder zumindest einen schwachen Kompromiss halten.[2]

In der Kulturführung unterscheiden sich konventioneller und biologischer Pilzanbau nicht wesentlich[3]: Ein Substrat aus Stroh, Holz und stickstoffhältigem Material (Pferdedung, Hühnermist) wird kompostiert, dann so etwas wie pasteurisiert und mit Pilzsporen geimpft. Mit Torf bedeckt wachsen dann in beheizten Hallen ein paar Wochen lang die Pilze, das abgeerntete Material gilt als hervorragender Dünger für die Landwirtschaft.

Neben dem Verbot von Fungiziden, Pestiziden und Insektiziden in der Pasteurisierungsphase ist ein Grundsubstrat aus biologischen Bestandteilen also das wichtigste Asset biologischer Pilzzüchtung. Aber: Die EU erlaubt eine Beimischung von bis zu 25 Prozent aus konventioneller Landwirtschaft, mitsamt ihrer Rückstände von Pflanzenschutzmitteln oder Medikamenten. Das Magazin „Ökotest" fand 2006 dann auch in 30 Stichproben sowohl konventioneller als auch Bio-Champignons in Summe 15-mal den Wachstumsregulator Chlormequat, zwölfmal das Schimmelpilzmittel Carbendazim, siebenmal das Fungizid Dithiocarbamate.[4] Während einzelne Bio-Verbände härtere Vorschriften machen – 100 Prozent biologischer Ursprung bei Bioland[5] –, erlaubt auch Bio Austria eine 25-prozentige konventionelle Beimischung (wenn kein Bio-Material verfügbar ist).[6]

Übrigens: Wer aus Strahlenangst auf Wildpilze verzichtet, liegt falsch, sagt die Agentur für Ernährungssicherheit.[7] Trotz höherer Werte der am stärksten belasteten Sorten wie Eierschwammerl (Kontamination bis zu 1000 Bq/kg) schlägt eine Portion gerade mit 0,0028 Millisievert zu Buche. Die natürlich gegebene Strahlenexposition in Österreich liegt bei 2,9 Millisievert pro Jahr. Man müsste also tausend Portionen Eierschwammerl essen ...

Das sollten Sie wissen

- Ausgerechnet der Nährboden für Bio-Pilze darf bis zu einem Viertel aus konventioneller Landwirtschaft stammen.

- Österreichs größter Bio-Verband gibt keine strengeren Vorgaben, andere schon.

- Die Strahlenbelastung der Wildpilze ist messbar erhöht, aber vernachlässigbar.

1. Klasse in den Tod?

Beim Transport zum Schlachthof gibt es keine Sonderregelungen für Bio-Tiere.

Normalerweise ist die Tierschutzorganisation „Vier Pfoten" durchaus gut informiert. Auch Global 2000 ist keine ganz unwissende Organisation. Greenpeace noch viel weniger. Aber beim Thema Tiertransport war wohl der Wunsch Vater der Vorstellung – denn entgegen ihren im Rahmen der Bio-Empfehlung in vielen verschiedenen Formulierungen publizierten Annahmen[1] gibt es gesetzlich schlicht keine speziellen Vorschriften für den Transport von Bio-Tieren.[2] Die Regeln für das Glück einer Bio-Kuh hören großteils am Weidezaun auf. Gesetzlich erlaubt sind dieselben Zeiten wie bei den konventionellen Transporten: bis zu 29 Stunden (mit Pausen) bei Rindern, 24 Stunden (ohne Pause) bei Schweinen.

▶ Blinder Fleck

Gesetzliche Vorschriften sind die eine Seite. Aber auch viele – nicht alle – Bio-Verbände, die ihren Mitgliedern in vielen Bereichen über gesetzliche Vorschriften noch hinausgehende Auflagen stellen, haben beim Thema Tiertransport so etwas wie einen blinden Fleck. Bio-Austria etwa, Österreichs größter Verein von Bio-Landwirten, empfiehlt (bis auf eine Spezialregelung für Masthühner)

lediglich „eine Verladung möglichst ohne Stress für die Tiere" – und gibt einen Hinweis auf die bestehenden Tiertransportgesetze. KT-Freiland, einer der Verbände, die am meisten auf artgerechte Tierhaltung Wert legen, empfiehlt zwar eine Schlachtung am Hof, aber mit der Einschränkung: „soweit die räumlichen Voraussetzungen gegeben sind". Das macht die Vorschrift zu einer Augenauswischerei, denn die Voraussetzungen sind einigermaßen schwer zu erfüllen, gibt es doch in Österreich wenige Stellen (bio-zertifizierte Schlachthöfe), die die strengen hygienischen EU-Richtlinien erfüllen. Auch eine vorgeschriebene 30-Kilometer-Beschränkung wird durch die Regelung im nächsten Satz relativiert, die für „unvermeidliche" längere Transporte lakonisch „zusätzliche Abkühlung" vorschreibt. Anders etwa der Verein Neuland, die deutsche Dachorganisation mehrerer Tierschutzverbände: Der schreibt etwa einen maximalen Transportweg von vier Stunden (!) für Schweine bzw. Rinder explizit vor – ohne allerdings zu konkretisieren, was passiert, wenn innerhalb dieser Distanz kein Schlachthof erreichbar ist.

Das besondere Dilemma aus Sicht vieler Tierschützer: Auch die im Inland umzusetzende EU-Verordnung[3] zum konventionellen Tiertransport bietet nur schwammige Regelungen. Bei einer Anfang 2007 in Kraft getretenen Novelle[4] wurde zwar eine Obergrenze für Tiertransporte von acht Stunden erlassen. Aber mit weit reichenden Ausnahmen, die dafür sorgen, dass rechtlich auch noch das Dreifache möglich bleibt, solange nur technische Anforderungen erfüllt werden, wie etwa Navigationssysteme, Temperaturmessgeräte im Wageninneren oder bestimmte Ausstattungsdetails der Tierboxen. Bis 2009 gelten überhaupt Übergangsbestimmungen für alte Transportfahrzeuge. Dazu kommt, dass die Regelungen in der Praxis aus Personalmangel unzureichend überprüft werden, wie etwa Alexander Rabitsch, Tiertransportkontrollor und der österreichische Experte für Tiertransporte schlechthin, bemängelt. Ausgerechnet in Niederösterreich, einem der größten landwirtschaftlichen Gebiete mit vielen Durchzugsstraßen werde so gut wie gar nicht kontrolliert.

Das sollten Sie wissen

- Beim Tiertransport gelten für die Bios keine strengeren gesetzlichen Bestimmungen als für ihre konventionellen Kollegen.

- Auch viele Bio-Verbände drücken sich um eine spezielle Regelung herum.

- Am Etikett können Sie den Standort des produzierenden bzw. schlachtenden Bio-Betriebs erkennen – und Rückschlüsse zumindest auf die räumliche Distanz ziehen.

Das Fehlen einer spezifischen Regelung für die Bio-Fleischbranche ist umso bitterer, als die Gesetzeslage die zweifelhaften Praktiken der konventionellen Kollegen bisher nicht wirklich verhindern konnte. 33 Prozent der Tiertransporte weisen teils eklatante Mängel auf, listet etwa der Verein gegen Tierfabriken eine Statistik auf[5], Experte Rabitsch beziffert seine Beanstandungsrate mit zwei Dritteln aller kontrollierten Transporte. Und das betrifft eine Menge Tiere: Jedes Jahr werden etwa 300 Millionen Geflügeltiere, sieben Millionen Schweine, über drei Millionen Rinder und zwei Millionen Schafe zwischen EU-Staaten hin- und hergekarrt, oder täglich passieren 1000 Schlachtrinder den Grenzübergang Walserberg, weitere 2000 rollen per Bahn weitgehend unkontrolliert durch Österreich.

Die Situation für Bio-Tiere – insbesondere Schweine – ist teilweise schlimmer als für konventionelle Tiere, sagen Branchenkenner. Denn aufgrund geringerer Stückzahlen pro Landwirt werden die Routen der Tiertransporter über längere Strecken geführt, um eine größere Menge an Schlachttieren für einen wirtschaftlich rentablen Transport zu sammeln. Dazu kommt: Schlachthöfe mit Bio-Zertifizierung sind auch weit weniger dicht gesät als konventionelle Schlachthöfe. Die Folge: längere statt kürzere Transportwege für die Bio-Tiere. Bio-Rinder aus kleineren Betrieben in Tirol und Vorarlberg werden in der Regel zum Schlachthof Salzburg gefahren – eigentlich nur eine Wegstrecke von etwa drei Stunden. Durch das Abfahren mehrerer Täler verlängert sich der Transportweg jedoch erheblich.

Bio-Ablass für Schnitzel & Co?

Auch mit Bio-Lebensmitteln kann man sich durchaus ungesund ernähren.

„Rindsuppe, Leberknödel, Wiener-schnitzel, Petersilerdäpfel, Salat, Obstkuchen" – Nein, das ist nicht das Tagesmenü eines Wiener Touristen-Restaurants. „Alle Zutaten aus biologischer Landwirtschaft", verspricht die Fußnote in der Speisekarte des Hirschenwirts in Salzburg[1], eines der wenigen bio-zertifizierten Restaurants Österreichs, in dem sich Gesundheitsapostel wohl eher den „gesunden" Gemüseauflauf mit Vollkornreis erwartet hätten. Ein Trugschluss, den gerade Bio-Produzenten nicht gerne richtigstellen, zu gut verkauft sich Bio mit dem Gesundheitsargument. Doch Daten zum Ernährungsverhalten und ein ungetrübter Blick auf die Vielfalt an „ungesunden" Bio-Produkten in den Supermarktregalen zeigen ein realistischeres Bild: Mit Bio lässt es sich auch bestens ungesund leben!

Laut einer im Auftrag der Bio-Marke Ja!Natürlich erstellten Studie konsumieren zwei Drittel aller Österreicher mehrmals pro Woche Bio-Produkte. Außerdem, so berichtet der Studienleiter David Pfarrhofer vom Market-Institut, hätten in den letzten Jahren hochgerechnet zwei Millionen Österreicher und Österreicherinnen ihr Ernährungsverhalten umgestellt, und zwar vom „Schnell- und Bequem-" und „Traditions-Typ" zum „Natürlich- und Gesund-Typ", zu dem sich mittlerweile 35 Prozent aller Österreicher zählen, so die Selbsteinschätzung bei dieser Befragung.[2]

Doch was sagt uns das über den „Gesundheitsfaktor" der Ernährung aus? Nicht viel, meinen Ernährungswissenschafter. Schließlich komme es darauf an, welche und wie viele (Bio)-Lebensmittel gekauft, zubereitet und gegessen werden. Den Daten der Agrarmarkt Austria und Bio-Austria zufolge liegt der Anteil von Frischobst und Frischgemüse am Gesamteinkauf von Bio-Produkten im österreichischen Lebensmitteleinzelhandel lediglich bei 4,5 bzw. 5,3 Prozent. Die meistgekauften Bio-Produkte sind Eier mit 24,4 Prozent, Kartoffeln (15,5 Prozent), Milch, Joghurt, Butter mit zusammen rund 30 Prozent. Nur zur Klarstellung: Bio-Eier enthalten gleichviel Cholesterin wie konventionelle Eier, auch das beste Bio-Olivenöl besteht zu nahezu 100 Prozent aus Fett, Bio-Butter zu 80 Prozent und in einem Bio-Weckerl aus Bio-Weißmehl sucht man genauso vergeblich nach wertvollen Mineral- und Ballaststoffen wie in jeder konventionellen (Weißmehl)-Semmel. Und Bio-Schweinsbraten mit Bio-Bratkartoffeln und dazu ein kühles Bio-Bier ist selbst den verwegendsten Abnehmgurus noch nicht eingefallen.

▶ Wunsch und Wirklichkeit

Zum anderen stellen sich Herr und Frau Österreicher gerne gesünder dar, als es der Realität entspricht, kritisieren Ernährungswissenschafter wie Karlheinz Wagner vom Institut für Ernährungs wissenschaften.[3] Zwar ergab etwa eine im österreichischen Lebensmittelbericht 2006 zitierte Studie, dass 50 Prozent der Befragten ihr Ernährungsverhalten in den letzten zehn Jahren geändert haben wollen: 44 Prozent meinten, mehr Obst und Gemüse zu essen, 32 Prozent haben seltener Fleisch auf ihrem Speisezettel, und 29 Prozent bzw. 21 Prozent der Befragten gaben an, sich gesünder bzw. fettärmer zu ernähren.[4] Tatsächliche Verzehrserhebungen und genauere Auswertungen des Ernährungszustandes der österreichischen Bevölkerung zeigen aber: Der Fleischverzehr ist leicht gestiegen (auf 99,4 kg Fleisch pro Person und Jahr), der Milchprodukte-Konsum hat sich kaum geändert, auch der Obst-Verzehr ist in etwa gleich geblieben[5], lediglich der Gemüseverzehr legte leicht zu. Aber immer noch bevorzugen rund 70 Prozent der Männer und 50 Prozent der Frauen „traditionelle Hausmannskost" – viel Fleisch, viel Fett und viel Zucker. Gepaart mit der zunehmenden Bewegungsarmut im Doppelpack die Hauptursache für die ständig steigende Zahl an übergewichtigen und adipösen (krankhaft übergewichtigen) Personen in Österreich. 9,1 Prozent der ÖsterreicherInnen gelten laut jüngsten Daten als krankhaft übergewichtig (BMI = Bodymassindex ≥ 30), rund die Hälfte der Männer und etwa 20 Prozent der Frauen sind als übergewichtig einzustufen (BMI 25-29).[6] Es gibt viele gute Gründe, sich mit Bio-Lebensmitteln zu ernähren, ökologische, ethische oder soziale. Ohne jedoch auf eine ausgewogene, vernünftige Nahrungszusammensetzung zu achten, ist der Slogan Bio = gesund lediglich ein nicht zu Ende gedachtes, realitätsverfälschendes Verkaufsargument.

Das sollten Sie wissen

■ Nur weil Bio draufsteht, werden Schnitzel-, Zucker- und Cola-Exzesse nicht gesünder.

■ Vielmehr als die Entscheidung bio oder konventionell zählt eine ausgewogene, dem Bedarf angepasste Nahrungszusammensetzung.

Gesunde Geschäfte

Wie und wo Bio-Ware an den Konsumenten gebracht wird – oder vermeintliche Bio-Ware.

Die Schauplätze der Bio-Schlacht sind klar umgrenzt: Etikette, Siegel, Slogans sagen uns, was wir im Supermarkt, Bio-Supermarkt, beim Diskonter, in Naturkostläden, Reformhäusern, Bauernmärkten und ab Hof an Bio-Ware bekommen. Nur glauben sollten wir das alles nicht immer.

Dieses Kapitel hält ein wenig dagegen, wenn die Marketingschlacht am Regal so richtig loslegt. Denn nichts ist so schwer, wie dem Bombardement der unterschiedlichen Slogans, Begriffe, Gütesiegel rund um und im Bio-Bereich zu entkommen. Jede Organisation, jeder Supermarkt, jeder Hersteller kreiert sein eigenes Label.

Und es ist natürlich nur purer Zufall, dass aus dem Werbeumfeld das frische Bio-Heu nur so rausduftet und die pathetische Bio-Bauernehre

nur so raustropft. Kein Wunder also, dass eine Mehrheit der Befragten das einfach konventionelle AMA-Gütesiegel für ein Biozeichen hält. Oder dass Vergleichsstudien aus Naturkostläden den Schluss zulassen, dass heimische Top-Bio-Marken wie etwa Ja!Natürlich aus dem Rewe-Konzern mit deutlich überhöhten Spannen verkauft werden. Und über all dem thront die EU-Bio-Verordnung 2092/91 – die genau jene Ausnahmen möglich macht, nach denen sich etwa viele Naturkostläden und Bauernmärkte völlig legal jeder Bio-Kontrolle entziehen dürfen.

Lassen Sie sich von Etiketten und Slogans nicht blenden – genauso wie im konventionellen Marketing ist es auch im Bio-Bereich das Kleingedruckte Wert, gelesen zu werden. Allein: hier erwartet das niemand.

Bio-Schmäh ohne?

Die Trittbrettfahrer des Bio-Booms sorgen für eine babylonische Sloganverwirrung.

Quizfrage: Woran erkenne ich beim Einkaufen ein Bio-Produkt? Am Aussehen? Sicher nicht, man kann und konnte sich noch nie auf das Äußere verlassen, weder bei Bio noch sonstwo. Am Geschmack? Auch kein sicherer „Nachweis". Und selbst wenn Geschmacksunterschiede bestünden (was wissenschaftlich nicht beweisbar ist) – zur Probe anbeißen im Supermarkt? Bleibt die Kennzeichnung am Produkt. Aber, Vorsicht: Trittbrettfahrer, die sich allzu gerne einen natürlichen Bio-Touch verpassen möchten, versuchen unwissende Konsumenten mit Pseudo-Bio-Slogans in die Irre zu führen, die hart an der Grenze zur Täuschung liegen.

Dabei ist die Kennzeichnung von Bio-Lebensmitteln rechtlich gesehen eigentlich eine klare Sache: Laut EU-Bio-Verordnung 2092/91 muss ein Lebensmittel die Bio-Anforderungen einschließlich der Bio-Zertifizierung erfüllen, sobald durch die Bezeichnung am Etikett oder Werbung dem Käufer auch nur „der Eindruck vermittelt wird", dass das Produkt nach dieser Bio-Richtlinie erzeugt wurde. Als Beispiel für „Eindruck vermitteln" werden für die deutschsprachigen Länder insbesondere die Bezeichnungen „biologisch",

„ökologisch" bzw. „bio" oder „öko" genannt.[1] Im Umkehrschluss bedeutet das: Sobald jemand ein Lebensmittel als „biologisch" oder „ökologisch" bezeichnet und verkaufen will, ja selbst wenn nur die Abkürzung „bio" oder „öko" im Zusammenhang mit dem Lebensmittel aufscheint, muss es sich um ein kontrolliertes „echtes" Bio-Produkt handeln. Darauf darf, oder besser gesagt muss der/die Bio-KonsumentIn vertrauen.

Doch die Regelung eröffnet auch eine Grauzone – denn Werbetexter werden sehr erfinderisch, wenn es um Bezeichnungen geht, die Bio-Qualität vorgaukeln sollen, ohne dadurch gleich die Bio-Produktionsrichtlinien in Kraft zu setzen.[2] Da stammt dann ein Rohstoff „direkt vom Bauern", aus „kontrollierter Landwirtschaft" oder aus „kontrolliertem Anbau". Mehr noch, er kommt sogar aus „umweltgerechter Landwirtschaft" mit „umweltgeprüfter Qualität", direkt „aus Bodenhaltung". Wir sind tief beeindruckt. Erst recht, wenn es heißt, die Bestandteile unserer „Vollwertnahrungsmittel" stammen aus „chemiefreier Landwirtschaft", „umweltschonendem Anbau" oder sind einfach „biobest". Und, eindeutig, härter an der Natur dran als jene, die mit „naturnahem Anbau" wirt-

Das sollten Sie wissen

Auf einem etikettierten Bio-Produkt muss zu finden sein:

▪ Hinweis auf die biologische Landwirtschaft
„aus biologischer Landwirtschaft" oder „aus ökologischer Landwirtschaft". Statt „Landwirtschaft" sind auch Synonyme wie „Anbau" oder „Landbau" erlaubt; Das Kürzel „Bio" vor der Produktbezeichnung kann zusätzlich dabeistehen, muss aber nicht. Entgegen der verbreiteten Annahme braucht der Zusatz „kontrolliert" nicht extra angeführt sein! – es gibt keine „unkontrollierten" Bio-Produkte!

▪ Name oder Codenummer der Kontrollstelle
die das produzierende Unternehmen kontrolliert:[5]
Beispiel Codenummer
für eine deutsche Kontrollstelle: DE-001-Öko-Kontrollstelle
Beispiel Codenummer
für eine österreichische Kontrollstelle: AT-N-01-Bio
Beispiel Codenummer
für eine italienische Kontrollstelle: IT-BAC

Beispiel
„Karotten aus biologischer Landwirtschaft" oder „Bio-Karotten aus biologischer Landwirtschaft" (kontrolliert durch) AT-N-01-BIO
Die Kontrollstellennummer ist manchmal, wie z.B. beim AMA-Bio-Zeichen, direkt beim Zeichen zu finden.

▪ Ein zusätzliches Gütesiegel oder Zeichen eines Bio-Verbandes ist für ein Bio-Produkt gesetzlich NICHT vorgeschrieben. Diverse Verbandszeichen oder Gütesiegel, wie z.B. das AMA-Bio-Zeichen, Bio-Austria-, Demeter- oder Naturland-Siegel, darf ein Bio-Landwirt oder Bio-Verarbeiter nur dann verwenden, wenn er die jeweiligen zusätzlichen Anforderungen erfüllt – die in durchaus nicht unwichtigen Einzelheiten doch deutlich strenger sein können – und an die Verbandszeichen-vergebende Stelle entsprechende Nutzungsgebühren bzw. bei Bio-Verbänden die Mitgliedschaft bezahlt.

che Anbaukriterien als in der üblichen, konventionellen Landwirtschaft angewandt werden – mit einheitlichem, gesetzlich definierten Bio-Standard und der dazugehörigen Kontrolle hat das alles jedoch nichts zu tun.

Auf der Homepage von Unilever Deutschland beispielsweise finden wir unter der Rubrik „Unsere Werte" – „Kontrollierte Landwirtschaft" den beruhigenden Eröffnungssatz: „Der größte Teil aller Rohwaren, die wir verarbeiten, stammt aus der Landwirtschaft." Na Gott sei dank! Woher sonst, wenn man fragen darf? Aus dem Labor? – Die Rede ist weiter von „kontrollierter, nachhaltiger Landwirtschaft" und „Vertragsanbau für Kartoffel und Spinat". Wenn schon so tun wie bio, warum dann nicht gleich „echt bio" nach EU-Bio-Richtlinien und samt zugehöriger Bio-Kontrolle? – fragen sich nicht wenige KonsumentInnen.[3]

schaften ist keiner, ausgenommen vielleicht Ware aus „kontrolliertem Pfanni-Anbau".

▶ **Bio-Schmäh**

Erst auf den zweiten Blick und beim Hinterfragen wird die Bio-Lüge offensichtlich: Was wird kontrolliert? Die Halmlänge? Der Reifegrad? Dass ausreichend gedüngt und gespritzt wird? Woher sollen Lebensmittelrohstoffe sonst kommen, wenn nicht vom Bauern? Und was wäre denn ein „Halbwertnahrungsmittel"? Ohne den Zusatz „biologisch" oder „ökologisch" in der Kennzeichnung ist es möglich, ein bisschen so zu tun, als ob die Rohstoffe ebenfalls „natürlich" und „umweltschonend" angebaut werden würden. Möglich, dass in einigen Fällen tatsächlich spezielle, besser umweltverträgli-

Das babylonische Bezeichnungswirrwarr könnte den Bio-Boom sogar ein wenig bremsen, vermutet eine aktuelle Studie des österreichischen SDI-Research-Institutes[4]: Lediglich 37 Prozent der gesundheitsbewussten Konsumenten können zwischen Bio-Produkten und herkömmlichen Produkten unterscheiden – unter anderem wegen irreführender Verpackungsdesigns der konventionellen Hersteller: Auch bei stark bio-affinen Konsumenten wird die reale Kaufentscheidung erst im letzten Augenblick vor dem Regal getroffen, und dann „ist die Wirkung einer gezielt gesetzten „Ablenkung" bei diesen ebenso stark zu erkennen wie bei den explizit nicht gesundheitsbewussten Konsumenten".

Mit Brief und Siegel?

Das AMA-Gütesiegel nascht ungerechtfertigterweise am Image echter Bio-Zeichen mit.

Imagetransfer in der Werbung funktioniert. Eine weibliche Schönheit verleiht einem Auto Sexappeal und kleinkindliche Höchstleistungen einem Kreditinstitut menschliche Züge. Allerdings: Während jeder weiß, dass man(n) mit dem Auto nicht gleich das Model dazubekommt und mit einem offenen Milchpackerl noch nie ein Kreditlinie eröffnet wurde, verschwimmen in der Lebensmittelwerbung nur allzu oft die Grenzen zwischen einer versprochenen grünen Idylle und der konventionellen Realität, meint etwa der Verein für Konsumentenschutz.[1] Da nützen auch viele Siegel und Gütezeichen nichts, die mehr Verwirrung stiften, als Orientierung bieten – und manchmal scheint dies durchaus beabsichtigt.

▶ Mehrheit getäuscht

So hielten etwa 55 Prozent der Konsumenten in einer Befragung des ISMA-Institutes (500 Personen) im Jahr 2004 das AMA-Gütesiegel für Lebensmittel für ein Bio-Zeichen[2] (23 Prozent sehr sicher, 32 Prozent eher sicher). Und 62 Prozent halten damit ausgezeichnete Produkte für gentechnikfrei. Eine Folge der vergangenen Jahre, in denen die Agrarmarkt Austria nicht zufällig Symbole einer natür-

lichen Bewirtschaftungsweise (einsame Almwiesen, kleine Kuhherden, handwerkliche Bewirtschaftung) in der Werbung verwendet hat. Das hat der AMA schon mal (2002) eine Klagsdrohung des WWF (World Wildlife Fund für Nature) eingebracht[3], da bereits Umfragen in den Jahren 2002 und 2001 deutliche Verwirrung bei den Konsumenten festgestellt hatten.[4] Während konventionelle Produzenten sich insgeheim die Hände reiben, zürnen die Bio-Bauern: Denn die Vorschriften für das „AMA-Gütesiegel" liegen um einiges unter denen für echte Bio-Lebensmittel, die mit den diversen – unter anderem auch einem von der AMA selbst vergebenen – echten Bio-Zeichen versehen werden können[5] (inklusive entsprechend aufwändiger Kontrolle).

Die AMA hat grundsätzlich kein allzu glückliches Händchen mit ihrer Lebensmittelwerbung für die Bereiche Bio und Nicht-Bio. Erst Ende 2006 etwa wurde eine Anzeigenkampagne gestartet, bei der zwei absolut gleich aussehende Produkte nebeneinander einmal mit der Headline „Bio", und dann mit „Nicht-Bio" versehen wurden. Damit sollte wohl auf die Wichtigkeit des Bio-Gütezeichens hingewiesen werden, dass beim Bio-

Produkt tatsächlich noch zusätzlich klein am Rande angebracht war. Doch angesichts der optischen Dominanz zweier identischer Produktbilder kam beim Konsumenten nur die entgegengesetzte Botschaft rüber: Ohnehin egal, was gekauft wird, es ist alles gleich.

▶ Bio-Kampagne gestoppt

Dafür wurde von der AMA im Jahr 2005 eine bereits laufende (!) Werbekampagne plötzlich wieder gestoppt, die deutlich auf den Vorteil der Gentechnikfreiheit von Bio-Fleisch hinwies – leicht lässt sich vermuten, dass die Vertreter der konventionellen Bauernschaft (immerhin die überwiegende Mehrheit der zahlenden Mitglieder in der AMA) hier Druck gemacht hatten. Der Bio-Verband Bio Austria protestierte zwar empört, aber wenig erfolgreich: „Durch verwässerte Werbebotschaften werden Konsumenten in die Irre geführt."[6] Weit weniger heikel gab sich die AMA dafür bei der Argumentation in einem zu Beginn 2007 gestarteten TV-Spot über Fleisch im Allgemeinen: Ausgerechnet eine wenig überraschende Studie mit kenianischen Kindern, deren kognitive Fähigkeiten sich nach Fleischgenuss gesteigert haben sollen, diente als wackelige Grundlage der Werbeaussage: Fleisch macht schlau. Was übrigens bereits eine Beschwerde beim Österreichischen Werberat nach sich gezogen hat.[7]

Umso bedenklicher, dass auch alles Bemühen der Bio-Bauern bisher scheiterte, sich mit der Agrarmarkt Austria auf ein gemeinsames Bio-Zeichen zu einigen. Weil der rechtlich ausreichende Bio-Hinweis am Etikett im Erscheinungsbild nicht normiert ist, ist die quasi „staatliche" Kennzeichnung mit Bio-Zeichen eher zur alleinigen Sache der Agrarmarkt Austria geworden. Die Bio-Bauern haben dabei wenig mitzureden, sie pflegen weiterhin überregional nur Insidern bekannte Abzeichen, die bestenfalls die Konsumenten überfordern, wie etwa eine Studie der Universität Klagenfurt aus dem Jahr 2006 belegt.[8] Wirklich bekannt ist nur des Bio-Label der Handelskette Rewe-Austria (Ja!Natürlich).

▶ Achtung, Verwechslungsgefahr

Fast die Hälfte der Konsumenten können anhand des Logos nicht unterscheiden, ob es Bio ist oder nicht. Verständlich: Immerhin 93 verschiedene – zum Bio-Landbau affine – Gütesiegel im Lebensmittelbereich in Österreich listete eine Untersuchung der Arbeiterkammer Wien vor kurzem auf.[9] Ein gutes Drittel davon hat mit Bio nichts zu tun.

Bei ein paar Labels ist es durchaus ratsam, genau hinzusehen, da sie von derselben Produktgruppe unter der gleichen Marke sowohl eine biologische als auch eine herkömmliche, konventionelle Variante anbieten, etwa das Milupa-Qualitätssiegel oder Tonis Freilandeier. Rein optisch kommt übrigens auch das EU-Ursprungszeichen, das lediglich eine Regionalitätsgarantie gibt, als Doppelgänger des EU-Bio-Zeichens daher: beides kreisrunde Zahnräder mit EU-Sternen im blauen Kern, einem undefinierbaren Symbol in der Mitte und Schriftzug im äußeren Rand. Der ist – die einzige Differenzierung – einmal gelblich und einmal blass-grünlich eingefärbt. Heiße Diskussionen lassen angesichts dieser mangelnden Unterscheidbarkeit auch die EU-Pläne erwarten, im Jahr 2009 alle nationalen Bio-Siegel durch ein einheitliches EU-Siegel zu ersetzen.

Die echten Bio-Zeichen können allerdings tatsächlich als Orientierung für Konsumenten dienen. Dazu zählt vor allem auch das AMA-Bio-Zeichen (mit und ohne Herkunftsgarantie in Rot und Schwarz) als auch das Verbandslogo von Österreichs größtem Bio-Bauernverband, Bio Austria. Das gilt auch für das EU-Bio-Siegel und das deutsche Bio-Kennzeichen, das etwa bereits von 1868 Firmen auf 35.405 Produkten[10] ausgewiesen wird.

Das sollten Sie wissen

- Langjährig geübte konventionelle Werbepraktiken untergraben das Image echter Bio-Labels.

- Bio-Siegel sind nur eine zusätzlich erlaubte Möglichkeit der Bio-Kennzeichnung. Das sicherste „Bio-Erkennungszeichen" ist eine der gesetzlich für alle Bio-Lebensmittel vorgeschriebenen Formulierungen wie „aus biologischer (ökologischer) Landwirtschaft" (Anbau, Landbau) und Name oder Codenummer der Bio-Kontrollstelle.

- Die EU plant – gegen länderspezifischen Widerstand – den Gütezeichenwildwuchs durch ein verpflichtendes einheitliches Bio-Zeichen zu stoppen.

- Folgende Labels bedeuten nicht automatisch Bio[11]: Almo, AMA-Gütesiegel, Austria Gütezeichen, Bauernhofgarantie, EGZ Pannon, EU-Geschützte Ursprungsbezeichnung, Europäisches Vegetarismus Label, Fairkauf, Frisch saftig steirisch, Gentechnikfrei erzeugt, Guarantee Securitam, IP-Suisse, Kontrolliert durch die LVA, „Kontrolliert Essen ohne Käfig", Kontrollierte Freiland(Boden)haltung, Landhof, Landliebe, Marin Stewardship Council, Milupa Qualitätssiegel, Naturbelassener Honig aus Österreich, Porki, Pro Landschaft, Qualität Tirol, Schilcherland Spezialitäten, Schirnhofer, Steirisches Kürbiskernöl, Tann, Tierschutz geprüft, Tonis Freiland Eier, Waldland, Wörther Hof, Zurück zum Ursprung.

25   Der blinde Fleck des Bio-Austria-Siegels

Der größte heimische Bio-Bauernverband schlampt bei Verarbeitungsbetrieben.

Bei verarbeiteten Lebensmitteln sind die im landwirtschaftlichen Bereich sonst so penibel kontrollierten Richtlinien des größten österreichischen Bio-Bauernverbandes Bio-Austria sonderbar zahnlos. Obwohl am Papier ebenso streng wie die Richtlinien für die Bauern werden sie schon seit Jahren von der Mehrheit der Lebensmittelverarbeiter mit Bio-Austria-Kooperationsvertrag in wesentlichen Punkten nicht eingehalten. Vor allem die Vorgabe, Zutaten mit wenigen Ausnahmen nur von Bio-Austria-Mitgliedern und -Partnern einzukaufen, ignoriert die Lebensmittelindustrie. Da es sich bei Verbandsrichtlinien im Gegensatz zur EU-Bio-Verordnung um privatrechtliche Richtlinien handelt, haben aber die Kontrollstellen nur den Auftrag, die Vorgaben des Verbandes

bei der „normalen" Bio-Kontrolle (EU-Standard) mitzuprüfen und die Kontrollergebnisse an Bio-Austria weiterzuleiten. Für die Sanktionierung bei Abweichungen und Vergabe des Bio-Austria-Zertifikates und -Logos ist der Verband selbst zuständig. So müsste er bei einer konsequenten Missachtung zentraler Punkte seiner Verarbeitungsrichtlinien in letzter Konsequenz ein Vermarktungsverbot unter dem Bio-Austria-Siegel erteilen – tut er aber nur selten. Eventuell sind die Richtlinien so marktfern, dass sie praktisch unerfüllbar sind. Aber anstatt sie so an die geänderten, realen Verhältnisse des Bio-Marktes anzupassen, dass sie für die Hersteller auch praktisch einhaltbar sind, oder andererseits so konsequent zu sein, den Betrieben das Bio-Austria-Zertifikat zu entziehen, wurde die Zertifizierung bislang in vielen Fällen – sagen wir mal – etwas „lockerer" gehandhabt: Hatten die Betriebe (u.a. einige Gastronomiebetriebe und Händler) ihre Lizenzgebühren oder Kooperationsbeiträge bezahlt, wurden sie mit einem Bio-Austria-Zertifikat, dem Siegel und der Unterstützung bei Vermarktung und Werbung belohnt. Auf der Bio-Austria-Homepage und in diversen Aussendungen kann so immer wieder mit neuen und mittlerweile bereits rund 250 z.T. bekannten Lebensmittelproduzenten als Kooperationspartnern geworben werden, die sich dazu „verpflichten … entsprechend der Bio-Austria-Produktionsrichtlinien … zu wirtschaften".[6] Wer's glaubt …

Bitte zu Tisch?

Behördliche Inkonsequenz lässt die Pseudo-Bio-Gastronomie unkontrolliert wuchern.

Eigentlich müsste Ludwig Gruber, der Geschäftsführer des Vereins „Die Biohotels", jubeln: über 500 Treffer bei der Suche nach dem Begriff „Bio-Frühstück" auf tiscover.at, der größten Vermittlungsplattform für österreichische Hotels, Pensionen und Gasthöfe. Und über 300 Anbieter, die mit „Biokost/Vollwertkost" werben. Das ist mehr als ein Trend, das ist ein Boom. Dennoch kommt bei ihm keine Freude auf: Auf Grund der Untätigkeit der zuständigen Behörden sind es hauptsächlich bio-affine Trittbrettfahrer, die sich durch das gut gefestigte Image der „kontrollierten Bio-Qualität" bei Lebensmitteln über fette Zuwachsraten bei gutgläubigen gesundheits- und ökologiebewussten Touristen freuen. Nur rund 100 Bio-Restaurants, -Gasthöfe und -Hotels in ganz Österreich werden auch tatsächlich bio-kontrolliert.[1] Alle anderen verwenden den Zusatz „Bio" widerrechtlich.

Dabei waren nach langjährigen Bemühungen der Austria Bio Garantie und anderer Kontrollstellen (der Bio-Bauernverband Bio-Austria hielt sich dabei sehr dezent im Hintergrund) schärfere Kontrollrechte schon so gut wie fixiert: Im Zuge einer Erweiterung der Kontrollpflicht durch die EU-Bio-Verordnung sollte 2005 auch diese Branche, die klassische „Aufbereitungshandlungen" mit Bio-Produkten durchführt – im Klartext: damit „kocht" –, in die Bio-Kontrolle einbezogen werden[2], wie jeder andere Bio-Produzent und -verarbeiter auch. Ein vom Beratungsunternehmen Ökologischer Großküchenservice (ÖGS) in Deutschland in Auftrag gegebenes Rechtsgutachten bestätigte überdies genau diese Sichtweise.[3]

Doch drei Tage nach dem geplanten Inkrafttreten der neuen Regelung kam vom zuständigen Ministerium eine gegenteilige Weisung: In einem dreizeiligen Mail an alle Lebensmittelbehörden der Bundesländer wurde angeordnet, „... die derzeitige Handhabung ... weiter beizubehalten" – im Klartext keine verpflichtenden Bio-Kontrollen in der Gastronomie durchzuführen. „Wir wurden in den Startlöchern zurückgepfiffen", ärgerten sich die Vertreter der Bio-Kontrollstellen und selbst die Lebensmittelbehörden konnten den plötzlichen Richtungsschwenk des Ministeriums nicht nachvollziehen. Bis heute gibt es keine weitere schriftliche Erläuterung zu diesem Thema seitens des Ministeriums.

Bio-Zertifizierung auf freiwilliger Basis bleibt in Österreich somit auch weiterhin die einzige Möglichkeit für Gastronomieunternehmen, ihr Angebot an Bio-Produkten durch eine der zugelassenen Bio-Kontrollstellen offiziell begutachten zu lassen und sich dadurch von den zahlreichen Trittbrettfahrern, bei denen „Bio" ein reiner Marketingschmäh ist, abzugrenzen. Und davon gibt es genug: Die Folder und Homepages überbieten sich in dem Versuch, „Bio" möglichst oft zu erwähnen – dann wird man es schon glauben, könnte man angesichts der Bio-Flut an Ankündigungen auf Foldern und Homepages vermuten: Bio-Sauna, das Bio-Nichtraucherzimmer, die Bio-Aromatherapie und Bio-Massage im Wellnessbereich, mit Ökostrom und biologischer Bausubstanz, aber auch die permanente (bewusste?) Verwechslung von Vollwertkost und Bio-Lebensmitteln: das abendliche Bio-Vollwertmenü und Bio-Bauernfrühstück – Hauptsache Bauernhof-Idylle vermitteln.

Österreich schlummert in einem Dornröschenschlaf, verglichen mit Deutschland, wo die Kontrollpflicht der Außer-Haus-Verpflegung bereits seit 2002 bundesweit eine beschlossene Sache ist[4, 5]: „1000 Küchen mit Bio-Zertifikat – es ist geschafft", konnte im November 2006 die gleichnamige Initiative von Bio-Erzeugern und -Verarbeitern verkünden, die sich seit 2002 um eine Ausweitung des Bio-Angebotes für die Außer-Haus-Verpflegung bemühen, eine Zuwachsrate von 30 Prozent verglichen zu 2005.[6]

Das sollten Sie wissen

- In Österreich bleiben bis auf ein paar Ausnahmen bei freiwillig bio-kontrollierten Gastronomen die Töpfe für die Bio-Kontrollore verschlossen.

- Entgegen dem allgemeinen Bio-Grundsatz der „lückenlosen Kontrolle" kann derzeit jeder Wirt nach Lust und Laune mit Bio werben, ohne dass ihm dabei eine Behörde oder Kontrollstelle auf die Finger schaut.

- Fragen Sie gezielt in Restaurants/ Hotels/Pensionen nach einem Bio-Zertifikat und lassen Sie sich auch im Urlaub nicht von halbherzigen und undurchsichtigen Versprechungen verschaukeln!

- Welche Küchen in Hotellerie und Gastronomie wirklich bio sind, finden Sie u.a. unter www.abg.at www.biohotels.info www.bioregion-ramsau.at

Kraut und Rüben?

Durch eine Ausnahmeregelung entziehen sich ausgerechnet Naturkostläden und Bauernmärkte der Bio-Kontrolle.

„Naturköstliche Lebensmittel stammen aus biologischem Landbau" – Deutschlands Webportal des Naturkostfachhandels www.naturkost.de bringt es klar auf den Punkt, was viele Konsumenten erwarten: einen Ort des „sicheren" Bio-Einkaufs, bei dem biologische Waren als Selbstverständlichkeit angenommen werden. Lückenlose Kontrolle vom Bauern bis ins Regal – so der gerne gesungene Tenor der Bios. Falsch geträllert: Die derzeitige gesetzliche Regelung befreit gerade die klassischen Bio-Verkaufsplätze wie Naturkostläden oder Bauernmärkte von der Kontrollpflicht.

Grundsätzlich gäbe es seit der Erweiterung der Kontrollpflicht durch die EU-Bio-Verordnung 2092/91 ab Juli 2005 „kein Entkommen" mehr: Jedes Unternehmen, das Bio-Produkte erzeugt, aufbereitet, lagert oder aus einem Drittland (nicht EU-Mitgliedsstaat) importiert, um sie zu vermarkten, oder das auch nur Handel damit betreibt, muss sich kontrollieren lassen.[1] Wie viele andere EU-Staaten haben aber auch Deutschland und Österreich eine Ausnahmeregelung für Einzelhändler in Anspruch genommen[2], die sich nicht bio-kontrollieren lassen müssen, soferne sie direkt an den Endkunden verkaufen und keine „Aufbereitungsschritte" mehr am Bio-Produkt vornehmen. Durch eine sehr fragwürdige Interpretation dieses Begriffes „Aufbereitung" durch das zuständige Bundesministerium aus dem Jahr 2002 wurde ein unverhältnismäßig großes „Schlupfloch" aufgemacht.[3]

Das bloße Aufschneiden von Bio-Wurst oder -Käse vor dem Kunden in einer Supermarktfiliale, Naturkostladen oder Bauernmarkt, die Verpackung und Übergabe „über die Theke" sowie das Abpacken von offenem Bio-Obst und -Gemüse gelten nämlich nicht als „Aufbereitungshandlung", und somit fällt auch die Bio-Kontrolle weg. Sobald nach dem Aufschneiden und Portionieren aber noch ein Etikett z.B. auf das Stück Bio-Käse geklebt wird, etwa für den Selbstbedienungsbereich in einem Supermarkt, wird dies als kontrollpflichtige „Aufbereitung" angesehen. Diese akademisch anmutende Wortklauberei hat nicht weniger entschieden, als dass sämtliche Naturkostläden und Bauernmärkte völlig legal ohne Bio-Kontrolle „kontrolliert biologische" Produkte verkaufen dürfen, da sie in der Regel „klassischen" Verkauf über die Theke betreiben und auch sonst keine Aufbereitungshandlungen wie das ausdrücklich erwähnte Aufbacken von Bio-Gebäck im Geschäft machen.

Dabei besteht gerade beim Verkauf offener, nicht etikettierter Waren ein hohes Verwechslungs- bzw. Vermischungsrisiko von biologischen mit konventionellen Waren. Dieses Schlupfloch aus der Kontrollpflicht erscheint umso unverständlicher, da selbst reine Händler oder Lagerstellen, die ein paar bereits fertig verpackte und etikettierte Bio-Produkte eben nicht an Endkunden weiterverkaufen, eine Bio-Zertifizierung durch eine Kontrollstelle vorweisen müssen.

Die Konsumenten kaufen unter anderem womöglich gerade deshalb im Naturkostgeschäft oder am Bauernmarkt ein, weil für sie an diesen klassischen Bio-Verkaufsplätzen mit dem Gefühl der Überschaubarkeit und des persönlichen Kontakts mit ideologisch gleich gesinntem Verkaufspersonal ein Bio-Schwindel unwahrscheinlich erscheint. Dass in Wahrheit die „Echtheit" von Bio im Supermarkt und beim Diskonter wesentlich strenger überprüft wird, überrascht selbst erfahrene Bio-KäuferInnen.

▶ In die Irre geführt

Dabei wäre ein genaues „unter die Lupe nehmen" der Naturkost-Branche mehr als notwendig. Eine aktuelle Studie der Arbeiterkammer Wien, bei der 23 Wiener Naturkost-, Bio- und Reformläden von der Lebensmittelversuchsanstalt Wien bewertet wurden,[4] zeigt: Nur bei rund der Hälfte der Geschäfte (56 Prozent) fanden die Tester bei offenen Waren (Obst, Gemüse, Feinkostbereich) ausschließlich Produkte aus biologischer Landwirtschaft. Bei abgepackten Waren waren es lediglich zwei von 23 Geschäften (neun Prozent), die ein exklusives Bio-Sortiment anbieten konnten. Alle anderen Geschäfte führten sowohl biologische als auch – zum Teil nur vereinzelt – konventionelle Produkte. Nicht nur, dass dies der eigentlichen Erwartung der Kunden eines Naturkost- oder Bio-Ladens zuwiderläuft. In 60 Prozent der Geschäfte mit offener Ware (bzw. 76 Prozent mit verpackter Ware) fehlte auch die in jedem gewöhnlichen Supermarkt übliche Kennzeichnung der konventionellen und biologischen Ware z.B. durch zusätzliche Steckschilder oder durch die Platzierung in einem eigenen markierten „konventionellen Bereich", sodass „eine leichte Verwechslungsmöglichkeit gegeben ist, sofern man nicht genau auch die Etiketten der Produkte studiert", resümierten die Tester

Hilft nur noch nachfragen. Oder besser nicht? Die Fachkompetenz wurde zwar in 14 Betrieben als sehr gut oder gut bewertet, allerdings kritisieren die Tester, könnten durch unrichtige und unkompetente Auskünfte „die Verbraucher in die Irre geführt werden", denn bei einigen Betrieben wusste das Personal nicht einmal, dass auch konventionelle Waren (besonders Backwaren) geführt werden, geschweige denn konnten sie darüber Auskunft geben, welche Waren biologisch und welche konventionell waren.

Das sollten Sie wissen

- Eine Bio-Kontrolle in Naturkost-, Bio- oder Reformläden ist gesetzlich nicht vorgeschrieben!

- Die meisten Naturkostläden führen ein gemischtes Sortiment, also bio und konventionell. Umso wichtiger ist es, gezielt auf die Bio-Kennzeichnung bei etikettierten Produkten zu achten, bei Obst und Gemüse zumindest auf die Kennzeichnung der Kisten und Steigen und bei Feinkostwaren gezielt das Verkaufspersonal nach bio zu fragen.

- „Sichereren" Bio-Einkauf bieten Geschäfte, die sich freiwillig von einer Kontrollstelle überprüfen lassen und ihr eigenes Bio-Zertifikat vorweisen können.

Natürlich: Die Vorteile des Naturkostfachhandels gegenüber dem Angebot der Supermärkte liegen sicher im breiter gestreuten, individuelleren und z.T. exquisiteren Bio-Sortiment. Um diesen Bonus auch weiterhin zu nützen und sich vom Image des schmuddeligen und undurchsichtigen Bio-Ladens zu lösen, entscheiden sich mittlerweile einige Geschäfte für eine freiwillige Bio-Zertifizierung, bei der die Transparenz und die für die Kunden exakte Kennzeichnung an erster Stelle stehen. Ein gemeinsames Auftreten dieser zertifizierten Naturkost-Fachgeschäfte in Österreich unter der Schirmherrschaft von Bio-Austria soll ab Herbst 2007 erfolgen.[5]

Ohne Zusatzstoffe?

Auch Bio-Lebensmittel kommen ohne produktfremdes Beiwerk nicht aus.

Wäre doch zu schön. Wirklich noch „natur pur", nichts da mit Zusatz- und Verarbeitungshilfsstoffen oder Produktionstechnologien fern von Bauernhofromantik. Tatsache ist aber: Derzeit (April 2007) sind exakt 47 Lebensmittelzusatzstoffe laut EU-Bio-Verordnung für die Verarbeitung von Bio-Lebensmitteln zugelassen.[1]

Hauptsächlich handelt es sich dabei um einige Konservierungsmittel wie z.B. Zitronen- oder Milchsäure oder um Antioxidationsmittel wie Ascorbinsäure oder Tocopherole und Verdickungsmittel wie Pektin, Agar-Agar oder Johannisbrotkernmehl. Die meisten Bio-Verbände schränken diese Liste in Teilbereichen noch weiter ein.

Für manche aber, wie etwa den besonders kritischen deutschen Verein foodwatch, sind das noch immer einige zu viel.[2] Etwa Natriumnitrit, das zusammen mit Kochsalz (auch beim größten heimischen Verband Bio-Austria) als konservierendes und farbgebendes Pökelsalz eingesetzt werden darf. Weil Nitrit erwiesenermaßen zusammen mit Aminosäuren im menschlichen Magen-Darm-Trakt krebserregende Nitrosamine bilden kann, sollte die Nitritaufnahme so gering wie möglich

gehalten werden, argumentieren sie und fordern ein striktes Verbot. Woran sich freilich der Verdauungsapparat kaum halten wird, da er auch selbstständig aus dem mit der Nahrung aufgenommenen Nitrat Nitrit bildet.

▶ **Technologisch überflüssig?**

Auch sollten eigentlich nur solche Stoffe in der Bio-Positivliste der EU stehen, „... ohne die diese Lebensmittel nachweislich weder erzeugt noch haltbar gemacht werden können", etwa Verdickungsmittel für Pudding, Geliermittel für Marillenmarmelade. Aber Brot zum Beispiel? Brot ließe sich sicher auch ohne Fertigbackmischungen mit Zusätzen wie Milchsäure, Ascorbinsäure und Enzymen herstellen. Doch sind die Stoffe erst einmal in die Liste aufgenommen, muss kein Produzent mehr eine „technologische Notwendigkeit" nachweisen, und er wird diesen Spielraum in der Regel auch ausschöpfen, wenn es darum geht, den Konsumenten ein möglichst breites Bio-Angebot zu einem möglichst günstigen Preis in verlässlich hygienisch einwandfreier und einheitlich guter Qualität anzubieten.

Allerdings: Ohne viele Zusatzstoffe wäre sowohl die Vielfalt an Bio-Lebens-

mitteln in der Produktion nicht möglich, als auch die Verteilung, bei der eine längerer Haltbarkeit der Produkte heute notwendiger ist als früher bei kürzeren Distanzen zwischen Produzenten und Konsumenten. Haben doch gerade Zusatzstoffe wie Pökelsalze oder Säuerungsmittel auch bei Bio-Produkten die wichtige Funktion, den Verderb der Lebensmittel durch Bakterien oder Pilze zu verhindern oder zu verzögern.

Vor allem aber: Im konventionellen Bereich gibt es über 300 erlaubte (und z.T. viel problematischere) Zusatzstoffe, darunter künstliche Farbstoffe und künstliche oder naturidente (aber im Labor nachgebaute) Aromastoffe. Was die Bio-Variante wieder gleich viel sympathischer macht. Denn Farbstoffe haben in Bio-Lebensmitteln nichts verloren und die Aromastoffe, die erlaubt sind, sind wirklich natürlich.

Das sollten Sie wissen

■ Auch bei Bio sind bestimmte Zusatzstoffe erlaubt und im Anhang VI der EU-Bio-Verordnung aufgelistet. Einschränkungen einiger Verbände gehen über diese Positivliste noch hinaus.

■ Ohne die Verwendung von Zusatz- und Verarbeitungshilfsstoffen wäre die gegenwärtige Vielfalt und gute Verfügbarkeit der (Bio-)Lebensmittel nicht machbar.

■ Verglichen mit der konventionellen Lebensmittelproduktion ist nur ein minimaler Ausschnitt aus der Zusatzstoffpalette erlaubt. 47 bei bio, über 300 bei konventionell!

Böse, böser, E-Nummer?

Hinter Bio-E-Nummern stecken oft Grundstoffe aus der Natur.

Ein jeder kennt sie, doch kaum einer weiß, was sich wirklich dahinter verbirgt: Die „E-Nummern", das Synonym für alles Künstliche in unserer Nahrung und die Lebensmittelindustrie schlechthin. Doch ihr Einsatz ist streng geregelt, und vor allem hinter den vielen zu Unrecht gefürchteten E-Nummern auf Bio-Lebensmitteln verbergen sich natürliche „alte Bekannte".

Mit einer „E(U)-Nummer" werden alle Zusatzstoffe gekennzeichnet, die innerhalb der EU zugelassen sind. Welcher Stoff als Zusatzstoff eingesetzt werden kann und unter welchen Voraussetzungen, ist ebenfalls geregelt: Er muss „technisch notwendig sein" – Früchte werden einfach keine Marmelade ohne Zusatz von Geliermittel. Der Verbraucher darf durch die Anwendung nicht getäuscht werden: Mittels eines Farbstoffs bessere Qualität vorzuspiegeln ist nicht erlaubt – wie etwa Eierlikör gelb zu färben, um einen höheren Eianteil vorzutäuschen. Und der Zusatzstoff muss auch bei längerfristigem Genuss gesundheitlich unbedenklich sein. Ein extrem genaues Zulassungsverfahren und aufwändige Untersuchungen sind dafür notwendig.[1]

Über 300 verschiedene Zusatzstoffe sind EU-weit erlaubt. Viele von ihnen sind im Labor „designt" worden und kommen nicht natürlich vor. Aber unter den bei bio zugelassenen 47 Zusatzstoffen finden sich viele in der Natur vorkommende Verbindungen, die man hinter ihren E-Nummern nicht vermuten würde und die, bei ihrem „richtigen" Namen genannt, plötzlich gar nicht mehr „böse" wirken.[2, 3, 4]

▶ **Antioxidantien**
(Meist E 3--, z.B. E 300)

Antioxidantien schützen vor dem Verderb, der durch den Einfluss von Luftsauerstoff entsteht. Z.B. Fette in Nahrungsmitteln würden ohne sie schneller ranzig werden. Viele der Antioxidantien sind, wenn auch künstlich hergestellt, mit natürlichen Substanzen identisch:
E 300 = Ascorbinsäure = Vitamin C
E 306 = Tocopherole = Vitamin E in bio-erlaubter Form

▶ **Stabilisatoren, Emulgatoren, Gelier- und Dickungsmittel**
(Meist E 4--, z.B. E 410)

Stabilisatoren werden, wie der Name schon sagt, eingesetzt, um eine bestimmte Struktur des Lebensmittels zu erhalten. Emulgatoren braucht man, um ursprünglich nicht mischbare Stoffe zu mischen (wie etwa Fett und Wasser). Verdicken macht mehr draus: Gelier- und Dickungsmittel finden etwa Verwendung in der Produktion kalorienreduzierter Nahrungsmittel. Sie haben die Eigenschaft, Wasser zu binden, was sie aufquellen und gelatinös werden lässt. So kann man den Geschmack eines Lebensmittels „mollig" machen, als hätte man Fett verwendet, ohne aber die Kalorienmenge zu erhöhen.

Auch viele Stabilisatoren sind natürlichen Ursprungs.
E 410: Johannisbrotkernmehl = für Kleingebäck, Salatdressings
E 414: Gummi arabicum = für fertige Kuchenmischungen
E 440 i: Pektin (z.B. in Äpfeln) = für Marmelade, Gelees, Pudding

▶ Farbstoffe

(Meist E 1--, z.B. E 140)

In isolierter Form sind Farbstoffe jeder Art bei Bio-Lebensmittel nicht erlaubt. Genutzt werden kann hingegen durchaus die intensive Farbkraft von unveränderten Natursäften wie z.B. Johannisbeersaft, Rote-Rüben-Saft usw. Denn schon Ägypter und Römer erkannten, dass gefärbte Speisen appetitlicher wirken können und lieber gegessen bzw. gekauft werden. Beispiel (Vanille-)Pudding: Jeder, der schon einmal eine Vanilleschote gesehen hat, weiß, dass Vanille nicht gelb ist. Aber würde uns ein weißer (weil farbloser) Pudding nicht seltsam vorkommen? Und wie appetitlich wäre eine braune Cocktailkirsche? Oder graue Wurst?

Aber auch unter den bei konventionellen Lebensmitteln oft als gefährlich und „böse" verschrienen Farbstoffen finden sich eine Reihe von in der Natur vorkommenden Verbindungen, die mancher Gesundheitsapostel nur zu gern in Form von Brausepulver oder Kapseln wesentlich „purer" zu sich nimmt:
E 101 = Riboflavin = Vitamin B_2
E 140 i = Chlorophyll = der grüne Pflanzenfarbstoff
E 160 a ii = Betacarotin = gelb-orangefarbener Pflanzenfarbstoff, Vorstufe zu Vitamin A

Eh bio![5]

47 Zusatzstoffe sind bei Bio erlaubt – und werden auch mit E-Nummern bezeichnet.

1 Lebensmittelzusatzstoffe

E 153   Pflanzenkohle
E 160 b Annatto, Bixin, Norbixin
E 170   Calciumcarbonat
E 220   Schwefeldioxid oder
         E 224 Kaliummetabisulfit
E 250   Natriumnitrit oder E 252
         Kaliumnitrat
E 270   Milchsäure
E 290   Kohlendioxid
E 296   Apfelsäure
E 300   Ascorbinsäure
E 301   Natriumascorbat
E 306   stark tocopherolhaltige
         Extrakte
E 322   Lecithine
E 325   Natriumlactat
E 330   Zitronensäure
E 331   Natriumcitrat
E 333   Calciumcitrate
E 334   Weinsäure (L(+)-)
E 335   Natriumtartrate
E 336   Kaliumtartrate
E 341(i) Monocalciumphosphat
E 400   Alginsäure
E 401   Natriumalginat
E 402   Kaliumalginat
E 406   Agar-Agar
E 407   Carrageen
E 410   Johannesbrotkernmehl
E 412   Guarkernmehl
E 414   Gummi arabicum
E 415   Xanthan
E 422   Glycerin
E 440i   Pektin
E 464   Hydroxypropylmethylcellulose
E 500   Natriumcarbonate
E 501   Kaliumcarbonate
E 503   Ammoniumcarbonate
E 504   Magnesiumcarbonate
E 509   Calciumchlorid
E 516   Calciumsulfat
E 524   Natriumhydroxyd
E 551   Siliziumdioxid
E 553b   Talkum
E 938   Argon
E 939   Helium
E 941   Stickstoff
E 948   Sauerstoff

2 Aromen

nur natürliche Aromastoffe und Aromaextrakte

3 Wasser und Salz

Trinkwasser
Salze (hauptsächlich aus Natrium- oder Kaliumchlorid), die allgemein bei der Lebensmittelverarbeitung verwendet werden.

4 Zubereitungen aus Mikroorganismen

alle in der Lebensmittelherstellung üblichen Zubereitungen aus Mikroorganismen (Bakterien, Hefen, Schimmelpilze), ausgenommen genetisch veränderte Organismen (GVO).

5 Mineralstoffe, Vitamine, Aminosäuren und andere Stickstoffverbindungen

Nur zugelassen, wenn die Verwendung für das betreffende Lebensmittel gesetzlich vorgeschrieben ist.

Kein Mehrwert ohne Mehrpreis?

Bio muss nicht teuer sein, zeigen die Diskonter.

Hardcore-Bio-Konsumenten haben in der Vergangenheit so einiges ausgehalten. Schien doch die Missachtung sämtlicher Standards aus dem konventionellen Lebensmittelhandel nachgerade als Indiz für echte Bio-Ware gegolten zu haben. Muffig-dunkle Läden, lange Wartezeiten, welke Salathäuptel. Das meiste davon dürfte Geschichte sein, betrachtet man die hypermodernen Bio-Supermärkte oder Bio-Abteilungen der großen Lebensmittelketten – bis auf die hohen Preise. Nach wie vor kostet uns Bio-Ware ordentlich mehr als vergleichbare konventionelle Produkte. Wenn aber der Mehrpreis in keinem Verhältnis zum Mehrwert steht, bekommt man schnell das Gefühl, abgezockt zu werden. Manchmal zu Recht.

Ein Einkaufstest des Wirtschaftsmagazins „trend" aus dem Jahr 2006[1] in Naturkostläden, Supermärkten und Bio-Supermärkten zeigt jedenfalls abenteuerliche Preisunterschiede zwischen konventioneller und biologischer Ware: Bei Toastbrot etwa reichte die Range von 90 Cent (Billa, konventionell) je Kilogramm bis zu 7,98 Euro (Biohof Achleitner, bio), bei Spaghetti von 69 Cent (Hofer, konventionell) bis 3,58 Euro (Basic, bio), bei Zucchini von

49 Cent (Hofer, konventionell) bis zu 2,58 (Spar, bio). Der Österreichische Verein für Konsumenteninformation etwa schätzt, dass ein Warenkorb ausschließlich mit Bio-Produkten um rund 50 Prozent teurer ist, als wenn er mit konventionellen Produkten gefüllt wäre.[2] Forscher der Universität Kassel wiederum fanden 2006 durchschnittliche Preisunterschiede je nach Produktgruppe zwischen 23 (Milch) und 95 (Rosinen) Prozent.[3]

▶ **Bis 619 Prozent Preisunterschied**

Allerdings auch innerhalb Bio kommt es zu deutlichen Preisunterschieden, je nach Vertriebskanal. Am teuersten sind in der Regel Naturkostläden und Reformhäuser, fand eine Untersuchung der Wiener Arbeiterkammer 2006 heraus. Und zwar im Schnitt um ein Fünftel im Vergleich zu spezialisierten Bio-Supermärkten. Im Extremfall gab es Unterschiede von bis zu 619 Prozent.[4] Danach folgen Supermärkte. Aber am billigsten ist Bio beim Lebensmitteldiskonter, fand auch der „trend", der wohl gezielt nach besonders hohen Preisunterschieden gesucht hat. Denn während sich etwa ein Liter Bio-Olivenöl im normalen Supermarkt, bei Spar z.B. mit 13,90 zu Buche schlägt, ist es beim Diskonter Hofer bereits um 9,98 zu erhalten. Spezialsorten von Bio-Reis (Basmati) werden Billa offenbar auch noch um 5,18 Euro pro Kilogramm abgekauft, wer gewöhnlichen Reis in Bio-Qualität will, kann bei Hofer hingegen schon um 1,79 Euro zuschlagen. Auch bei Fruchtjoghurt ist der Diskonter Hofer mit 19 Cent je 100 Gramm der Billigste unter den Bio-Anbietern. Der Fachhändler Biohof Achleitner stellt dafür 46 Cent in Rechnung.

Das dürfte zum Teil an unterschiedlichen Produktqualitäten liegen – bessere Qualität kostet in der Regel auch bei Bio mehr. Doch größere Einkaufsmengen ergeben grundsätzlich günstigere Einstandspreise, und professionelle Logistik spart Kosten. Beides sollte billigere Angebote ermöglichen. Wenn nun bei überregional tätigen Filialketten einzelne Artikel dennoch hochpreisig angeboten werden, ist Misstrauen angebracht. Eher geht es nämlich um eine Quersubventionierung innerhalb der Produktrange: Weniger preissensible Artikel bringen mehr Erlös und subventionieren dadurch knapper kalkulierte. Und zwar überall dort, wo Diskonter nicht für ausreichend Wettbewerb sorgen.

Dort wo es Konkurrenz gibt, etwa bei Grundnahrungsmitteln wie Milch, ist der Preisunterschied sowohl zwischen den Qualitäten als auch innerhalb verschiedener Vertriebsformen auf ein plausibles Maß gefallen. Die überall geltenden Verkaufspreise von rund einem Euro für die Bio-Version von Milch liegen nur mehr knapp über den kalkulierten Herstellungskosten von rund 80 Cent (Großhandel), zeigt ein seltener Einblick in die Kalkulationsgrundlagen

einer Kärntner Bio-Molkerei.[5] Ein fairer Deal für die Käufer.

Dass der Handel in Summe aber die Kaufbereitschaft der Bio-Konsumenten über Gebühr strapaziert, lässt sich auch statistisch nachvollziehen: Laut AMA-Marketing, der zentralen landwirtschaftlichen Förder- und Marketingeinrichtung Österreichs, stieg etwa die verkaufte **Menge** an Bio-Lebensmitteln im österreichischen Lebensmittelhandel (inklusive Diskonter) im Jahr 2004 um 1,9 Prozent. Der **Wert** allerdings erhöhte sich um 8,7 Prozent. Ähnlich die Entwicklung in den Jahren danach: 2006 gab es etwa ein Plus von 3,7 Prozent für die Menge, aber plus 8,1 Prozent für den Wert. Weil sich die Einkaufsgewohnheiten und das Bio-Sortiment nicht so schnell ändern, heißt das: Der Lebensmittelhandel konnte höhere Preise für Bio durchsetzen[6], und das, obwohl die Erzeugerpreise, also das, was an die Bauern gezahlt wird, eher zurückgegangen sind, wie Agrarlobbyisten beklagen. Bewusstseinsbildung betreiben die negativen Praktiken der Branche, wenn etwa Bio-Lauch alleine zwischen Großhändler und Supermarkt einen 280-prozentigen Preisaufschlag erfährt, kritisiert der deutsche Bio-Professor Ulrich Köpke von der Universität Gießen:[7] „Eine neue Ethik bei Erzeugung, Preisbildung und Verkauf ist gefragt."

▶ **Bio-Handel: Nettorendite 30 Prozent und mehr**

Kein Wunder, dass etwa die Kalkulationsgrundlagen der Handelskette Rewe-Austria für ihre Bio-Marke Ja!Natürlich (die größte Österreichs) ein streng

gehütetes Staatsgeheimnis sind. Von den mittlerweile rund 222 Millionen Euro Umsatz (plus zwölf Prozent 2006), der mit Ja!Natürlich erlöst wird, bleibt mit Sicherheit mehr übrig als die durchschnittliche Umsatzrendite von 3,08 Prozent, die Rewe-Austria für den Gesamtkonzern angibt. Eine einmalige Strukturerhebung der Bundesstelle Ökologischer Landbau in Deutschland in der Bio-Branche hat jedenfalls im Jahr 2003[8] Netto-Handelsspannen von 30 Prozent für die spezialisierte Bio-Branche (Naturkostläden und dergleichen) ergeben. Weil bei dieser Vertriebsform die Kostenbelastung offenbar hoch ist, reduzieren sich die Gewinne der Naturkostladenbetreiber auf fünf bis sieben Prozent vom Umsatz — für den in der Regel halb so hohe Beträge kalkulierenden Lebensmittelhandel immer noch beachtlich. Was aber kostenoptimierte Supermarktketten (wie Rewe & Co) und erst recht Diskonter mit diesen komfortablen Handelsspannen anfangen können, ist leicht vorstellbar.

Dass dafür die Qualität der Produkte leiden muss, ist ein Märchen. Verbraucher-

tests etwa belegen regelmäßig, dass sich die sensorische und analytische Qualität von Bio-Produkten unabhängig zur Vertriebsform verhält, sodass zuletzt etwa die Sendung „food-monitor" des Westdeutschen Rundfunks Ende 2006[9] nach einem live dokumentierten „Unentschieden" bei vergleichenden Geschmackstests zwischen Bio-Diskont- und Naturkostladenware etwas ratlos fragte: „Wonach sollen sich Verbraucher richten, wenn es keine qualitativen Unterschiede gibt?" Und rein rechtlich unterwerfen sich Diskonter auch denselben Bio-Standards bei Produktion und Kontrolle wie alle anderen Bio-Händler auch.

Selbst wenn echte Bio-Fans bei dem Preisvergleich lieber danach fragen, warum die konventionelle Landwirtschaft so billig produzieren kann – die produzierende Bio-Landwirtschaft übertreibt ihre Kostennachteile gerne: Der Arbeitskräfteeinsatz etwa sei bei Bio so hoch, dass teurere Ware unausweichlich sei, so eines der zentralen Argumente. Das stimmt – ist allerdings nur eine Seite der Medaille, zeigt eine

Analyse landwirtschaftlicher Betriebs- und Einkommensdaten aus dem Jahr 2006.[10] Der Mehraufwand für zusätzliches Personal bei kleinen Bio-Betrieben (mit oder ganz ohne angestellte Mitarbeiter) macht rechnerisch im Durschnitt gerade mal 500 Euro pro Jahr aus. Dieser fiktive Betrieb erspart sich gleichzeitig über 3.000 Euro an Düngemitteln und über 1.400 Euro an Futtermitteln. Und der Minderertrag aus der extensiveren Bewirtschaftung wird im Durchschnitt – das Ausmaß variiert zwischen einzelnen Landwirtschaftstypen deutlich – locker durch höhere Subventionen ausgeglichen. Ein Vergleich von Obstbauern (Tafeläpfel) in der Schweiz in Jahr 2003[11] zeigte zudem, dass Ertragsdefizite bei Bio nicht zwingend sein müssen: Das beste Viertel der Bio-Bauern konnte durchaus mit niedrigeren Produktionskosten und höheren Erntemengen kalkulieren als sein durchschnittlicher konventionell arbeitender Kollege. Freilich – „schlechte" Bio-Bauern stürzen im Vergleich weit tiefer ab als „schlechte" konventionelle.

Das ändert allerdings nichts daran, dass es natürlich in einzelnen Bio-Richtlinien immer wieder Auflagen gibt, die zu einer nicht kompensierbaren Mehrbelastung für Bio-Bauern führen. So z.B., wenn etwa ein Enthornungsverbot für Milchkühe (Demeter) eine zwingend größere Fläche für die Tiere im Stall nach sich zieht, damit sie sich nicht gegenseitig verletzen. Weniger Tiere pro Quadratmeter verschlechtern naturgemäß das Ertragspotenzial aus den getätigten Investitionen für den Stall. Oder wenn Mindestmastzeiten für Hühner den Ausstoß an schlachtfertigen Tieren pro Jahr deutlich reduzieren.

Das sollten Sie wissen

- Die Handelsspannen in Bio-Läden sind durchschnittlich mehr als doppelt so hoch wie im normalen Lebensmittelhandel.

- Wo Diskonter Druck machen, sinkt die Preisdifferenz zwischen bio und konventionell auf ein plausibles Maß. (siehe Tabelle)[12]

- Einzelne Vorschriften verteuern die Produktion biologischer Rohstoffe – andere aber verbilligen sie.

Produkte	[9] Prozentualer Mehrpreis von Öko-Produkten gegenüber dem Durchschnitt...		
	... aller konventionellen Produkte	... der 25% teuersten konventionellen Marken	... der 25% billigsten konventionellen Marken
Milch (1l)	+23	-2	+71
Butter (250g)	+34	+8	+86
Fruchtjoghurt (150g)	+32	+29	+129
Früchtemüsli (500g)	+48	-5	+278
Cornflakes (375g)	+58	+5	+207
Ketchup (0,5l)	+42	+9	+130
Mehl (1kg)	+72	+6	+297
Spaghetti (500g)	+22	-20	+134
Rosinen (250g)	+95	+13	+354
Marmelade (250g)	+58	-4	+241
Möhrensaft (1l)	+75	+23	+134
Apfelsaft (1l)	+30	-3	+98

So fair, so bio?

„Bio" und „Fair Trade" – ein Traumpaar mit gelegentlichen Seitensprüngen.

Früher nur in Dritte-Welt-Läden zu finden, haben Lebensmittel mit dem Kennzeichen „Fair Trade" seit einiger Zeit – in geringerem Ausmaß als Bio-Produkte – auch die Supermärkte erreicht. Öko-Landbau und Fair Trade liegen in der Wahrnehmung der Konsumenten nahe beieinander – verbinden sie doch gemeinsame Ideale: Beide Bewegungen stellten sich gegen Ausbeutung, einerseits der Natur, andererseits der Bauern in so genannten Entwicklungsländern.[1] In Kombination wohl die Verwirklichung eines ökologisch und ethisch korrekten Warenkorbs. Getrennt betrachtet allerdings ist Bio keineswegs immer „fair", und Fair Trade bedeutet nicht automatisch Bio.

Ökonomische Gerechtigkeit ist das zentrale Anliegen der Fair-Trade-Initiative. Nachhaltigkeit und Ökologie stehen erst an zweiter Stelle. Der biologische Landbau ist im Kriterienkatalog von Fair Trade auch nicht als solcher zu finden, dennoch sei „Fair Trade", so wird auf der Homepage www.fairtrade.at argumentiert, oftmals eine Voraussetzung für eine kontrolliert biologische Wirtschaftsweise. Erst durch den finanziellen Spielraum, der den Bauern mit der Fair-Trade-Vermarktung ermöglicht wird, erhalten sie die Möglichkeit, Bio-Umstellung und Zertifizierungskosten zu bezahlen. Daher arbeitet Fair Trade nach eigenen Angaben gezielt auf die zusätzliche Bio-Zertifizierung hin, durch die die Bauern zusätzlich zum „fairen Preis" noch mit einem Bio-Aufschlag belohnt werden. Immerhin stieg der Anteil der Bio- und Fair-Trade-zertifizierten Lebensmittel während der letzten drei Jahre um rund 25 Prozent. Waren 2003 rund 40

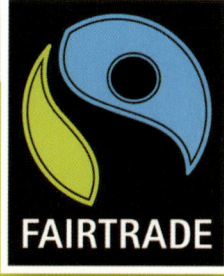

FAIRTRADE. SO FAIR. SO GUT.

Mit dem FAIRTRADE Gütesiegel ausgezeichnete Produkte geben Ihnen die Sicherheit, dass Menschen in den Entwicklungsländern fair bezahlt und keine Kinder ausgebeutet werden.

Und garantieren Ihnen die hohe Qualität naturnaher Landwirtschaft.

© Fairtrade

Prozent des Fair-Trade-Sortiments biologisch produziert, waren es Ende 2006 bereits 65 Prozent.[2] Die Aufteilung auf einzelne Produktgruppen ist unterschiedlich. Ein paar Beispiele: „Fairer" Orangensaft stammt nur zu acht Prozent aus Bio-Orangen. Aber rund 60 Prozent der Schokolade ist bio-zertifiziert, 90 Prozent bei Wein und 99 Prozent (!)

der Faire-Trade-Bananen stammen aus biologisch wirtschaftenden Betrieben.

Resümee für alle Bio und Fair-Trade-LiebhaberInnen:
Nicht immer, aber immer öfter ist Fair Trade auch Bio. Wenn aber Bio, dann muss es zusätzlich zum Fair-Trade-Siegel am Etikett draufstehen.

Facts rund um „Fair Trade"

Fair Trade ist ein Verein, der in Österreich von Trägerorganisationen wie z.B. Caritas, WWF und der Österreichischen Entwicklungszusammenarbeit im Außenministerium unterstützt wird und sich durch Lizenzgebühren für die Nutzung des Fair-Trade-Siegels, aus Mitgliedsbeiträgen und Spenden finanziert. Auf der ganzen Welt gibt es 20 derartige Organisationen, die unter dem Namen „Fairtrade Labelling Organizations International" (FLO) zusammengefasst sind.[3] Produkte, die fair gehandelt werden, sind mit dem Fair-Trade-Gütesiegel gekennzeichnet. Damit ausgezeichnete Produzenten müssen sich an spezielle Richtlinien halten, die die Qualität und die Einhaltung der Fair-Trade-Grundsätze garantieren.[4]

Das Fair-Trade-System unterliegt ähnlich wie der Bio-Bereich einem System der durchgängigen Warenflusskontrolle, beginnt auf der Produzentenebene und setzt sich auch auf allen Verarbeitungsstufen fort. Die dafür zuständigen Kontrollstellen sind einerseits die FLO Cert. Gmbh.[5], die die Bauern in den Erzeugerländern selbst kontrolliert, und andererseits (für Österreich) Fair Trade Österreich, das die nationalen Verarbeitungsbetriebe und Händler überprüft.

Auszug aus den Fair-Trade-Kriterien

- Verbot von Zwangs- und illegaler Kinderarbeit
- Maßnahmen zum Gewässer- und Erosionsschutz
- Maßnahmen zum Schutz des Regenwaldes
- Allmählicher Ersatz von Pestiziden und Mineraldüngung durch biologischen Pflanzenschutz und organische Düngemittel
- Kontinuierliche Durchführung ökologischer Fortbildungsprogramme
- Abfallvermeidung und umweltgerechte Entsorgung
- Gezielte Förderung von Bio-Anbau durch Prämien
- Kein Einsatz von genverändertem Pflanzenmaterial oder genveränderten Substanzen.

Das sollten Sie wissen

- Rund 65 Prozent der Fair-Trade-Produkte stammen aus ökologischer Landwirtschaft, aber eben nicht alle – wenn schon, dann muss dies extra am Etikett mit einem Bio-Hinweis gekennzeichnet sein!

- Produkte, die mit dem Fair-Trade-Siegel gekennzeichnet sind, müssen bestimmte Qualitätsstandards erfüllen.

- Fair Trade ist Entwicklungszusammenarbeit.

Grüne Erde

*Was die Bio-Bauern versprechen –
und was sie halten können.*

Sie sind scheinbar der bekannteste Teil der Bio-Szene, die Bio-Bauern. Und mit ihnen wird auch gerne geworben, wenn es um die Botschaft der Lebensmittelhersteller an die Konsumenten geht, dass ein bestimmtes Produkt so herausragende Eigenschaften hat, dass dafür bis zum Doppelten oder Dreifachen des sonst so üblichen Preises bezahlt werden muss. Dieses Kapitel soll die Hintergründe beleuchten, vor denen das Business der Bio-Bauern tatsächlich abläuft. Wo haben die Bios schwere Bedingungen, die einen Mehrpreis rechtfertigen, und wo nicht? Denn was es wirklich bedeutet, Bio-Bauer zu sein, ist den wenigsten Käufern bekannt.

Vielleicht ist das auch manchmal ganz gut so, denn wer lässt sich schon gerne Illusionen zerstören? Denn dass die Landwirtschaft auch in ihrer biologischen Form keineswegs ein Bollwerk gegen die kalte Globalisierung sein muss oder dass die biologisch-helle Seite der agrarischen Macht auch so ihre Bösewichte beherbergt, ist zuweilen eine unangenehme Erkenntnis. Weniger unangenehm als erhellend hingegen ist der Nachweis, dass die Bio-Bauern keineswegs arme Schlucker sind, sondern zu den bestverdienenden Kollegen der Landwirtschaft gehören. Allerdings – diese Erkenntnis relativiert so manche Subventionsforderung der Bio-Lobby und ist somit kein allzu groß hinausposauntes Detail. Umgekehrt kann sich kaum jemand vorstellen, welche Aktenberge an Vorschriften und Regelungen bereits die Bio-Bauern in die Verzweiflung treiben.

Nichts ist gerechtfertigter, als der marketingmäßigen Bio-Behübschung ein wenig den Schleier wegzuziehen. Denn Konsumenten, die sich abgezockt fühlen, sind keine nachhaltigen Käufer. Und das kann natürlich nicht im Interesse der Bio-Landwirtschaft sein, die sich gerade in ihrem eigenen Geschäft der Nachhaltigkeit verschrieben hat.

Heile Welt?

Eine Reihe von Bio-Skandalen erschütterte in den vergangenen Jahren das Vertrauen der Konsumenten.

Glückliche Kühe, Handschlagqualitäten, Bauernschwüre für ein nachhaltiges Wirtschaften, das die fruchtbare Erde noch den Nachkommen erhält, und den Nachkommen der Nachkommen usw. Das ist die heile Welt, das ist der Imageträger, mit dem die Bio-Branche gerne für ihre Produkte wirbt. Kein Wunder, dass die Aufregung jedes Mal riesengroß ist, wenn plötzlich klar wird, dass „bei meiner Ehr" hin und wieder auch nur ein Werbeslogan ist und „dafür garantiere ich mit meinem Namen" nur ein Psychotrick aus der Marketingkiste.

Ganz besonders groß war die Aufregung im Jahr 2002, als Sepp Ortner, der Obmann des größten Bio-Bauernverbandes Österreichs, „Ernte für das Leben" (heute in Bio Austria integriert), aus Frust über die seiner Meinung nach zunehmend schlimmer werdenden Zustände in der Bio-Szene zurücktrat. Die von den Konsumenten in immer größeren Mengen gewünschte Bio-Ware auch zu Verfügung zu stellen erwies sich als echtes Problem für die Kleinstrukturen gewohnte Szene. Die Wiener Stadtzeitung „Falter"[1] und das Wirtschaftsmagazin „trend"[2] berichteten damals als Erste über die dahinter liegenden Missbrauchsfälle. Spätestens seither ist klar, dass auch die Bio-Szene nicht nur von Heiligen bevölkert wird. Zahlen dazu werden nicht gerade offensiv publiziert. Doch eine 2003 im Auftrag der deutschen Bundesanstalt für Landwirtschaft und Ernährung durchgeführte Schwachstellenanalyse rund um Bio-Kontrollen zeigte, dass bei 22.294 Kontrollen in 19.761 Betrieben im Jahr 2001 10.597 Verstöße gegen die EU-Bio-Verordnung 2092/91 gefunden wurden, bei gut jedem zweiten Betrieb also. Immerhin 2792 davon waren so gravierend, das Sanktionen (von Nachkontrolle bis Sperre des Betriebes) verhängt werden mussten.[3] Für Österreich listet die Austria Bio Garantie im Jahr 2006 bei 13.281 von ihr durchgeführten Kontrollen 539 Warensperren auf. 79 Betriebe wurden von der Bio-Vermarktung ausgeschlossen.[4]

▶ Zwischen Schlamperei und Pech

Nur selten steckt gesetzlich zu ahndende Betrugsabsicht dahinter, meist Schlamperei, manchmal Pech, manchmal wurden einfach nur Graubereiche in den offiziellen Vorschriften und Richtlinien ausgenützt.

Nur eine kleine Auswahl der bekannt gewordenen Fälle von Bio-Skandalen zeigt, dass die Branche erstaunlich oft und heftig an ihren eigenen Regeln

scheitert, vor allem gemessen am Anspruch, ein besseres (und damit auch für die Konsumenten teureres) System zu betreiben.

• Zwischen 1999 und 2001 etwa packte ein mittlerweile insolventer Unternehmer aus Niederösterreich mehr als 3200 Tonnen konventioneller Erdäpfel und Zwiebeln in biologisch gekennzeichnete Sackerl und verkaufte sie als Bio-Ware an Billa und Spar. Der Schaden: 1,17 Millionen Euro.[5] Einer der wenigen klassischen Bio-Betrugsfälle, die aufgedeckt und in die Medien gelangt sind.

• Ebenfalls im Jahr 2001 fand die Stiftung Warentest[6] in Früchtetees Pestizidspuren – darunter auch Bio-Früchtetees – und giftiges Holzschutzmittel PCP. Offenbar waren Hagebuttenstücke zum Trocknen auf PCP-behandelten Holzplatten ausgelegt worden.

• Annähernd gleichzeitig erschütterte der Nitrofen-Skandal ganz Deutschland: Ausgerechnet in Bio-Ware wurden Rückstände eines hochgiftigen Pflanzenschutzmittels gefunden. Eine Unachtsamkeit oder fehlender Weitblick bei den Lagerstellen: Wie sich später herausstellte, lagerten die Bio-Futtermittel in zuvor von verseuchter konventioneller Ware belegten Lagerräumen, ohne dass diese zwischenzeitlich gereinigt wurden.[7, 8]

• Zurück nach Österreich: Im Sommer 2002 kamen die Kontrollstelle ABG und der größte Bio-Bauernverband „Ernte für das Leben" dank eines Hinweises aus Insiderkreisen Unregelmäßigkeiten bei Bio-Fleisch aus dem Schlachthof Salzburg auf die Spur: Um den Jahreswechsel 2001/02 wurden 1400 Kilo billiges konventionelles Rinderfilet umetikettiert und als Bio-Ware teuer weiterverkauft. Als der Ernteverband in Zusammenarbeit mit den Kontrollstellen den ersten Hinweisen nach dem Auftraggeber nachgehen, stoßen sie ausgerechnet auf die Privatfirma eines

Chefmanagers der eigenen Tochterfirma Ökoland GesmbH, über die damals die Vermarktung und der gesamte Vertrieb eines Großteils der Bio-Produkte der Verbandsbauern in Österreich abgewickelt wurde.[9]

• Im selben Jahr fand konventioneller Weizen aus Ungarn den Weg in Bioprodukte der großen Lebensmittelketten Österreichs. Für die zuständige Kontrollstelle hatte das den Entzug der Lizenz zur Bio-Kontrolle zur Folge.[10]

• Kurze Zeit später, im Frühjahr 2003, verarbeiteten heimische Mühlen im Fall „Perlinger" konventionelles Getreide als vermeintliche Bio-Ware: zwei Millionen Euro Schaden.

• Jänner 2005: In einem Bio-Birnensaft aus Österreich wird ein Schimmelpilzgift festgestellt, das Produkt muss von einer großen Handelskette wieder zurückgerufen werden.[11]

• Zuvor schon flog ein Waldviertler Getreidehändler auf, der in den Jahren 2000 und 2001 über Scheinfirmen in Deutschland u.a. 14.000 Tonnen konventionelles Futtergetreide als Bio-Futter verkaufte. Das war kein kleiner Einzelfall mehr, sondern betraf rund zehn Prozent des gesamten österreichischen Verbrauchs. Schadensausmaß: rund eine Million Euro, ein Supergau in der Bio-Szene. Als Zwischenhändler mitten drinnen fand sich nach den ersten Ermittlungsergebnissen der eingeschalteten Kriminalpolizei wiederum die eigene Vertriebsfirma eines großen Bio-Bauernverbandes.[12] Der Prozess beginnt erst Anfang 2007.

• Die im Zuge der polizeilichen Ermittlungen in diesem Fall eingeleiteten Telefonüberwachungen brachten – nun ja, zumindest missverständliche – Praktiken einiger Bio-Manager an den Tag. Als etwa erste Proben einer Lieferung von italienischem Bio-Getreide im Winter 2004 eine Verunreinigung mit Pestiziden (Pirimiphosmethyl) erkennen ließen, diskutierten Getreidehändler und Chemiker, wie das zu vertuschen wäre. Der Plan laut Telefonüberwachungsprotokoll: Die Probe für die nachfolgende Kontrolle durch die offizielle Kontrollstelle soll so manipuliert werden, dass die Verunreinigung nicht mehr nachweisbar ist. Oder: Als einer der Getreidelieferanten wegen einer minder-

wertigen 100-Tonnen-Mehllieferung nervös wird, erhält er einen befreienden Vorschlag des verantwortlichen Disponenten – die Kriminalbeamten hörten mit: Er solle doch einfach mit seinem Lkw das Getreide einer Mühle eines Mitbewerbers aufladen und ausliefern.[13]

• Ende 2006 wiederum hielt ein Fall verunreinigter Hirse beim Lebensmitteldiskonter Hofer ganz Österreich in Atem. Hofers Lieferant hatte die Ware von zwei verschiedenen Großhändlern bezogen: Einer davon arbeitete mit nicht bio-zertifizierten Lagerstellen, ein Formalfehler. Weitere Funde bei anderen Händlern zeigten, dass größere Mengen an verunreinigter Hirse in den Handel gelangen konnten. Zufälligerweise auch im Hofladen des Chefs des Bio-Bauernverbandes Bio Austria, Hannes Tomic. Vor allem aber: Die Verunreinigung der Hirse mit Stechapfelsamen muss seit über einem Jahr bekannt gewesen sein. Bei einer burgenländischen Lagerstelle wurden nämlich bereits im Jahr 2005 mehr als 500 Tonnen Hirse mit einer stark durch Stechapfelsamen kontaminierten Charge vermischt und so zum teuren Sonderreinigungsfall gemacht. Die zuständigen Kontrollstellen wiesen damals auf die Problematik der Weiterverwendung hin. Weil aber in der betreffenden Lagerstelle mehrere, untereinander schwer zerstrittene Getreidehändler aus der Bio-Szene Zugriffsrechte hatten, ist die weitere Verteilung der verunreinigten Ware jetzt kaum mehr nachvollziehbar.[14, 15]

Freilich: Bio-Verfechter bringen immer wieder drei Argumente gegen eine allzu anklagende Skandalisierung der Bio-Szene in Stellung, die nicht von der Hand zu weisen sind: Erstens zeugt ein aufgedeckter Skandal vom Funktionieren der Kontrollinstanzen. Zweitens fußen viele Bio-Skandale nur auf Praktiken aus der konventionellen Verarbeitungsschiene. Und drittens sind die Skandale dort um einiges schwerwiegender, siehe BSE, Pestizidbelastung oder Gammelfleisch. Allerdings: Wer mit blütenweißer Weste wirbt, muss sich härtere Maßstäbe gefallen lassen.

Das sollten Sie wissen

■ Der Rücktritt von Sepp Ortner als Obmann des größten Bio-Bauernverbandes Ernte im Jahr 2002 hat die Schwachstellen der österreichischen Bio-Szene offengelegt – sie wurden seither nicht bereinigt.

■ Telefonüberwachungsprotokolle im Zuge polizeilicher Ermittlungen geben atemberaubende Einblicke in die Arbeitsweise zentraler Bio-Manager im heimischen Verarbeitungsbereich.

■ Während die Bauern als Produzenten meist sehr hart kontrolliert werden, ist die Kontrolle im Verarbeitungsbereich besonders beim Nachvollziehen großer Warenströme über viele Zwischenhändler hinweg viel schwieriger und z.T. „zahnloser".

■ Skandale im Bio-Bereich sind vor allem gesundheitlich weit weniger bedenklich als die im konventionellen Bereich.

Oben ohne?

Die Oberflächenbehandlung zur Schädlingsbekämpfung ist auch bei Bio erlaubt.

Insektizide, Fungizide? Aber woher. Marienkäfer, die die Läuse fressen. Pflanzenduftstoffe, die die Schädlinge nicht mögen. Unkraut zupfende Bio-Bauern. So sieht es aus, das vereinfachte, aber übliche Bild zur Schädlingsbekämpfung im Bio-Landbau. „Totaler Quatsch" – meint Stefan Kühne, Leiter des Fachbereichs ökologischer Landbau der biologischen Bundesanstalt für Land- und Forstwirtschaft.[1] Im Bedarfsfall, bei einer unmittelbaren Bedrohung für seine Kulturen, darf auch jeder Bio-Bauer zur Spritze greifen und eine Auswahl von Präparaten[2] einsetzen, von denen manche als – sagen wir mal – „bio-problematisch" zu bezeichnen sind.

Freilich: Herbizide und chemisch synthetische Pflanzenschutzmittel, bei weitem die Mehrzahl der überhaupt zugelassenen Pflanzenschutzmittel, haben im Bio-Landbau tatsächlich nichts verloren. Und jeder amtliche Bio-Landwirt versucht z.B. durch Standort- und Sortenwahl, Fruchtfolge und Bodenbearbeitung seine Pflanzen so „fit" zu erhalten, dass Schädlinge keine Chance haben. Was aber tun, wenn sich trotz dieser „Gesundheitsvorsorge" z.B. auf Grund besonderer klimatischer Umstände bestimmte Schädlinge massenhaft vermehren und die Ernte bedrohen? 25 Wirkstoffe (in 60 Präparaten) darf der Bio-Bauer dann laut EU-Bio-Verordnung Anhang II mit besonderen Verwendungsvorschriften einsetzen. Die meisten sind pflanzliche und tierische Substanzen, wie Pflanzenöle (z.B. Rapsöl) oder Gelatine als Insektizid, Lecithin als Fungizid (gegen Pilzbefall) oder chemische Elemente und Verbindungen, die auch in der Natur vorkommen.

Doch immer wieder zeigt sich, dass „natürlich" nicht immer unbedenklich ist. So haben dänische Forscher[3] erst etwa Mitte 2006 herausgefunden, dass das Symbol schlechthin für ein biologisch korrektes Insektizid, das sowohl von Hobbygärtnern als auch von Bio-Landwirten oft übertrieben eifrig versprühte Bakterium Bacillus thuringiensis (Bt) nicht nur für Insekten, sondern auch für den Menschen schädlich sein könnte: Fast die Hälfte der Bt-Stämme besaß nach gentechnischen Untersuchungen die Fähigkeit, die gleichen Toxine wie der bekannte Lebensmittelvergifter Bacillus cereus zu bilden (Enterotoxin, Cytotoxin K) – was bei bisherigen Vergiftungserscheinungen auch Fehldiagnosen nahelegt. Die meisten zweifelhaften Produkte sind allerdings schon länger bekannt.

Besonders die Anwendung von Kupfer bzw. Kupferverbindungen, die traditionell im Bio-Landbau als wirksames Fungizid eingesetzt werden, steht im Kreuzfeuer der Kritik: 3 kg Kupfer/ha und Jahr als Pflanzenschutzmittel sei auf Grund seiner giftigen Wirkung auf das Bodenleben (Schwermetallanreicherung) nicht mit den Nachhaltigkeitsprinzipien des ökologischen Anbaus vereinbar, meint etwa Agrarexperte Kühne in einem kritischen Artikel und fordert eine Reduzierung der aufgewendeten Mengen.[4] Derzeit liegt die laut EU-Bio-Verordnung erlaubte Jahreshöchstmenge allerdings bei 6 kg Kupfer/Jahr und somit um das Doppelte über dieser Forderung.

Bio-Austria, Österreichs Bio-Dachverband, und andere Bio-Verbände gehen einen Schritt weiter und begrenzen den Kupfereintrag für ihre Mitgliedsbetriebe je nach Kultur auf 2 bis 4 kg/ha und Jahr,[5] obwohl kaum Alternativen zur Verfügung stehen.[6] Ebenso dürfen bestimmte Pyrethroide, chemisch synthetische Insektizide, laut EU-Bio-Verordnung in Tierfallen oder Spendern (zur lokal konzentrierten Abgabe) eingesetzt werden. Ebenfalls ein Punkt, der für fast alle Bio-Verbände im deutschsprachigen Raum nichts mehr mit Bio zu tun hat und deshalb in ihren Richtlinien nicht erlaubt ist.[7]

Auf der Seite der konventionellen Bauernschaft allerdings geht es ein wenig härter zu. Die Listen der hier zugelassenen Pflanzenschutzmittel ist deutlich länger: Rund 240 „Wirkstoffe", die meisten von ihnen chemisch synthetisierte Verbindungen, sind im österreichischen Pflanzenschutzmittelgesetz

zu finden. Der Wirkstoff muss mit so genannten „Beistoffen" zu verkaufsfertigen „Formulierungen" (Mitteln) kombiniert werden: 750 (!) Präparate können so in Österreich eingesetzt werden.[8] Die Entwicklungskosten sind enorm: Von etwa 140.000 Substanzen, die im Labor zu Testzwecken synthetisiert werden, wird nur eine einzige (!) zu einem marktfähigen Wirkstoff. Im Durchschnitt vergehen zehn Jahre vom ersten Entdecken eines Wirkstoffs bis zum fertigen Pflanzenschutzmittel, und rund 200 Millionen Euro an Entwicklungskosten werden von den Firmen dafür im Vorfeld investiert, belegen veröffentlichte Zahlen der Agentur für Ernährungssicherheit (AGES).[9]

Das können Sie glauben

■ Pflanzenschutzmittel werden auch im Bio-Landbau eingesetzt.

■ Einschränkung: Nur bei unmittelbarer Bedrohung für die Pflanzen und auch dann nur 25 Wirkstoffe im Vergleich zu rund 250 für die konventionelle Landwirtschaft sind erlaubt.

■ Einige der nach EU-Verordnung erlaubten Pflanzenschutzmittel werden von Bio-Verbänden und einigen Experten kritisch betrachtet.

C.S.I. Bauernhof?

In der Praxis der Bio-Kontrolle zählt eher Hausverstand als Hightechanalyse.

Chromblitzende Hightechlabors, dreidimensionale Computersimulationen, Analysegeräte in Zimmergröße, das sind die Ingredienzien der modernen Polizeischnüffler – allabendlich im TV. Wer sich allerdings von den nicht minder erfolgreichen zivilen Kollegen in der heimischen Bio-Szene ähnliche „Crime Scene Investigations" (C.S.I.) erwartet, wird wohl bitter enttäuscht werden. Zwischen Kopierern und Aktenordnern ein Taschenrechner, Checklisten, ein Notizblock … – das ist der Arbeitsplatz eines Bio-Kontrollors. Weder ein mobiles Labor, um die Produkte zu analysieren, keine Verkostungsreihe, um „bio" herauszuschmecken, nicht einmal eine Lupe, um Unterschiede zu entdecken. Prozesskontrolle statt Tests der Endprodukte lautet der bürokratisch anmutende Grundansatz für den Alltag der Bio-Kontrollore.

Das klingt alles andere als spektakulär, hat aber zwei gute Gründe: Zum einen gibt es bis heute keine naturwissenschaftlich haltbaren Unterscheidungsmerkmale von „bio" und „konventionell", die man in einem Labor mit Sicherheit herausfinden könnte – schon gar nicht auf die Schnelle. Vor allem aber sind Produkte aus biologischem Anbau gesetzlich gesehen nicht durch chemische oder physikalische Produkteigenschaften definiert, sondern lediglich durch die Herstellungsverfahren. Daher setzt auch die Kontrolle an der Entstehungsgeschichte eines Bio-Produkts an und überprüft, ob bei seiner Herstellung alles „bio-richtig" gemacht wurde.[1,2]

Diese Prozess- oder Warenflusskontrolle kann man sich bildlich wie ein Flusssystem vorstellen. An den Quellen sind die Bauern. Deren Ernten „fließen" stromabwärts zu Zwischenhändlern und Verarbeitern. Dort vereinigen sich nun die Rohstoffe aus verschiedensten Quellen und werden im Fluss der Verarbeitungskette als verarbeitete Lebensmittel weitertransportiert, um schließlich durch ein großes Delta aus Groß- und Einzelhändlern ins Meer der Bio-Kunden zu gelangen. An jeder Quelle, an jedem Verzweigungsarm, natürlich auch bei jedem Hauptfluss und den Mündungen überprüfen nun Bio-Kontrollstellen, ob an dieser Stelle des Flusssystems die eingelangten Produkte von einer ebenfalls bio-kontrollierten Quelle oder einem bio-kontrollierten Verzweigungsarm stammen und die Bio-Richtlinien an dieser Stelle eingehalten werden, sodass sie auch noch als echte Bio-Produkte von hier aus weiter Richtung Meer treiben.[3] Mindestens ein Mal pro Jahr bekommen die Betriebe Besuch vom Bio-Kontrollor – bei den Bauern unangemeldet, bei Lebensmittelproduzenten in der Regel angemeldet, damit sie relevante Unterlagen wie z.B. Rezepturen der Bio-Produkte, Lieferantenzertifikate, Rechnungsbelege usw. vorbereiten können. Doch auch sie müssen jederzeit mit unangekündigten Stichproben- oder Nachkontrollen rechnen – vor allem wenn es bei der Jahreskontrolle Beanstandungen gab. Auch im Verdachtsfall oder auch nur aufgrund eines stichprobenartigen Auswahlverfahrens kann der Kontrollor ein weiteres Mal überraschend vor der Tür stehen.

▶ Und die Effizienz?

Dass hin und wieder der Eindruck entsteht, in der Bio-Branche fliegen weit mehr Skandale auf als anderswo, spricht ohne jede Polemik für das System der Prozesskontrolle. Meist ist es auch ein nicht unwesentlicher Aufwand, alle Unterlagen so hinzubiegen, dass bei der Bio-Kontrolle nichts auffällt, zumal jeder Kontrollor mit der Zeit einen Blick dafür entwickelt, wie ein Betrieb organisiert ist und wo kritische Kontrollpunkte liegen – ein hohes Risiko, das Betriebe gegenüber oft geringen ökonomischen Vorteilen meist nicht eingehen.

Das sollten Sie wissen

- Den Mordsaufwand von Crime Scene Investigations gibt es nur im TV. Bio-Kontrollore kommen mit einfacheren Methoden ans Erkenntnisziel.

- Die Bio-Kontrolle enthält gesetzlich genau vorgegebene Kontrollpunkte und entspricht einer Überprüfung des Warenflusses, des lückenlosen „Bio-Lebenslaufes" eines Produkts.

- Laborüberprüfungen z.B. hinsichtlich verbotener Zutaten oder eingesetzter unerlaubter Pflanzenschutzmittel werden selten, meist nur an wichtigen „Verkehrsknotenpunkten" wie z.B. bei Lagerstellen von Bio-Rohstoffen und zur Unterstützung eines Verdachts durchgeführt.

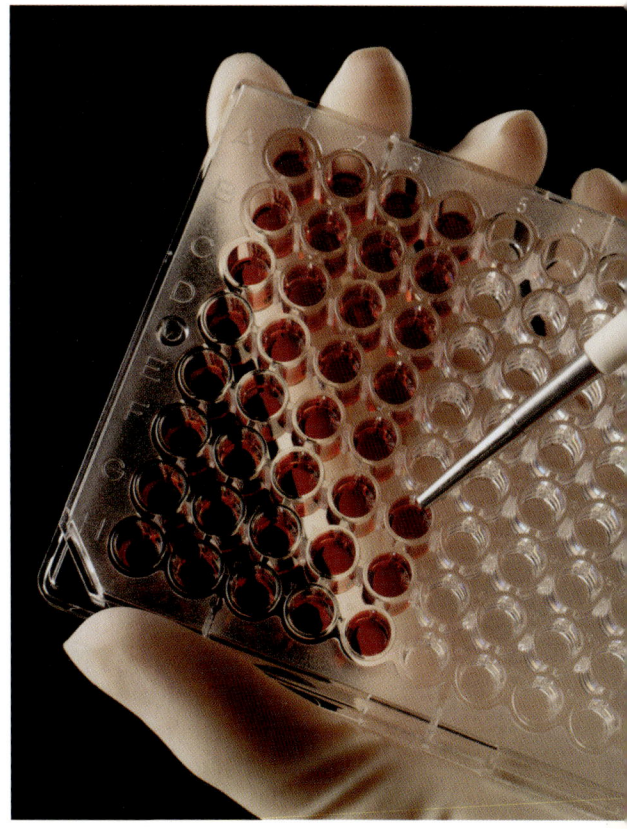

Backe, backe, Kuchen … [4, 5, 6]

Wir sind zur Kontrolle in einer kleinen Bäckerei, die auch Bio-Brote und Bio-Gebäck herstellt. Ein gemischtes Sortiment also – sowohl Bio- als auch konventionelle Backwaren. Dies ist übrigens durchwegs die Regel, reine Bio-Bäckereien gibt es nur sehr wenige. Erste Frage: Ist das Bio-Sortiment gleich geblieben? Hat sich etwas an den Abläufen, Lager- oder Verarbeitungsräumen verändert? Dann werden die Rezepturen unter die Lupe genommen, die Zutaten, die eingesetzten Mengen – mit welchen Lieferanten arbeitet der Bäcker zusammen und liegen alle zugehörigen Bio-Zertifikate auf? Nun muss der Bäcker alle Lieferscheine und Rechnungen vorweisen, um den tatsächlichen Einkauf auch belegen zu können, was ihn durchaus ins Schwitzen bringt. Dass auch Sesamkörner auf den Bio-Sesamstangerln in Bio-Qualität eingesetzt werden müssen – tja, das hatte er nicht bedacht. Eine Abweichung und ein Vermerk im Kontrollbericht sind die Folge: Die noch im Verkaufsladen befindlichen Sesamstangen dürfen nicht mehr als „bio" verkauft werden, er muss sich für die nächste Produktion Bio-Sesam von einem zertifizierten Lieferanten besorgen und bei einer Nachkontrolle beweisen, dass von nun an auch wirklich ausschließlich Bio-Sesam eingesetzt wird. Kleinigkeiten, die meistens aus Unachtsamkeit oder Unwissenheit passieren, aber dennoch dazu führen, dass die Waren nicht mehr als Bio verkauft werden dürfen.

Weiter geht es mit einem Rundgang durch die Lager-, Produktions- und Verkaufsräume. Wir lassen uns den Produktionsablauf erläutern, werfen kritische Blicke auf die Kennzeichnung der gelagerten Rohstoffe. Die eindeutige Trennung von biologischen und konventionellen Produkten entlang der gesamten Produktionskette ist ein besonders heikler Punkt – besonders bei Betrieben, die sowohl bio als auch konventionell produzieren. Trennung im Lager, unterschiedliche Produktionszeiten von biologischem und konventionellem Gebäck, eindeutige Kennzeichnung im Verkaufsregal – vorbildlich. Dann die Rechenaufgabe – der so genannte Mengenfluss: Dabei werden Zukauf und Verbrauch der verwendeten Zutaten über einen bestimmten Zeitraum erhoben und nachgeprüft, ob es nicht zu einer wundersamen Vermehrung von Mehl und Körnern gekommen ist. Scheinbar ein bisschen mehr Bio-Weizenmehl 700 eingekauft, als verbraucht wurde? Aha, wird auch als Staubmehl verwendet – plausibel. Wir erstellen einen Inspektionsbericht, und der Bäcker erhält, wenn alle Abweichungen behoben und erledigt worden sind, sein Bio-Zertifikat.

Alles unter Kontrolle?

Mangelnder Informationsfluss und wirtschaftliche Abhängigkeiten reduzieren die Effizienz der Bio-Kontrolle.

Am Papier sind die Regelungen eindeutig und klar: Im gesamten EU-Raum einheitliche Bio-Richtlinien, einheitliche Kontrollvorgaben an den Betrieb und einen einheitlichen Qualitätsanspruch an die Kontrollstellen.[1,2] So weit, so gut. Nun zur Realität: Konkurrenzdruck unter den privaten Kontrollstellen, Preisdumping zu Lasten der Kontrollqualität, Handelsketten, die ihren Lieferanten bestimmte Kontrollstellen vorschreiben, Spielräume bei der Kontrollschärfe und über alldem eine zunehmende Verbürokratisierung der Bio-Kontrolle, die vor allem zu Lasten der kleineren Bio-Betriebe geht, die sich den erhöhten Kontrollaufwand mit den damit verbundenen höheren Kontrollkosten kaum mehr leisten können.[3]

▶ Konkurrenzkampf

Die Bio-Kontrolle ist in den meisten EU-Mitgliedsstaaten privatwirtschaftlich organisiert. Jede nach der EU-Norm für Kontrollstellen EN-45011 zugelassene Kontrollstelle darf um Kunden, die Bio-Bauern und die bio-verarbeitenden Betriebe werben. Das Grundangebot ist jeweils das Gleiche: die Zertifizierung nach der EU-Bio-Verordnung 2092/91. Die Differenzierung zwischen den

Kontrollstellen findet auf Nebenfronten statt: etwa beim Preis – also den zu bezahlenden Kontrollgebühren – oder bei der Kontrolle zusätzlicher privatrechtlicher Richtlinien (diverser Bio-Verbände, Zusatzrichtlinien der Eigenmarken von Handelsketten …) bzw. dem Serviceangebot. Und da zeigt sich auch deutlich ein Grundproblem der Bio-Kontrolle: Die Kontrollstellen sind finanziell direkt von den Kontrollgebühren der Kunden abhängig. Doch beißt die Kontrollstelle die Hand, die sie füttert?

So bedeutet etwa eine längere Kontrolldauer vor Ort zwar mehr Einnahmen für die Kontrollstelle. Und selbstverständlich steigen mit einer höheren Kontrollanzahl je Betrieb und verstärkten unangekündigten Kontrollen bei Lebensmittelverarbeitern die Chancen, Verstöße aufzudecken. Aber lange und häufige Kontrollen verursachen Kosten für den Betrieb! Betriebe etwa, die Bio nur nebenbei machen, könnten so Kontrollstellen bevorzugen, die gerade mal die Mindestanforderungen überprüfen, kaum Stichprobenkontrollen durchführen, ihre Leistungen zu einem z.T. wesentlich geringeren Tarif anbieten können, dabei dem Kunden aber letztendlich das gleiche Endprodukt – sein Bio-Zertifikat – liefern. Umgekehrt wird schon mal ein prestigeträchtiger und finanziell wichtiger Kunde, der sich mit Auflagen gerade noch von einer zur nächsten Kontrolle rettet, bis zum Bio-Zertifikat förmlich mitgeschleppt. Es gibt eben innerhalb des gesetzlichen Rahmens einen Interpretationsspielraum, den die Kontrollstellen unterschiedlich auslegen – strengere Auslegung und höhere Kontrollintensität, die meist auch mehr kostet, oder im Sinne der kontrollierten Betriebe „kundenfreundlichere" Auslegung der Mindestkontrollanforderungen und Bio-Zertifizierung zu Dumpingpreisen.[4]

Aber es bestehen auch andere Abhängigkeiten: Die Wahlfreiheit der Betriebe bzgl. der Kontrollstelle ist in der Praxis des Öfteren eingeschränkt, wie das Beispiel des Rewe-Austria-Konzerns zeigt, der den Produzenten eine ihm nahe stehende Kontrollstelle zwingend vorschreibt. So ließ man etwa den Hauptlieferanten für Bio-Getreide erst im Jahr 2005 an die zuliefernden Bauern ein vorgefertigtes Kündigungsschreiben bestehender Kontrollverträge schicken und legte ihnen nahe, zu der für Rewe Austria präferierten Kontrollstelle zu wechseln.

Auch in Bio-Kreisen heftig diskutiert wird etwa, dass ausgerechnet die größte österreichische Bio-Kontrollstelle Austria Bio Garantie (ABG) im Eigentum der Bio-Bauernverbände selbst steht. Auf den ersten Blick ein klassischer Fall von Unvereinbarkeit – man könnte fast vermuten, die Bio-Bauern kontrollieren sich somit indirekt selbst. Eine schiefe Optik bleibt allemal, auch wenn klar ist, dass die stark zersplitterte Eigentümerstruktur (alle Bio-Verbände Öster-

reichs mit ihren kleineren und größeren Richtlinienunterschieden und auch eine deutsche und eine Schweizer Kontrollstelle) praktisch wohl kaum koordinierenden Einfluss auf die Kontrollen zulässt, was übrigens in einem eigens dafür angesetzten Audit des Wirtschaftsministeriums auch bewiesen wurde.

Aber nicht nur marktwirtschaftliche Abhängigkeiten relativieren den von der Branche selbst postulierten (und ideell vermarkteten) Anspruch auf totale Kontrolle. Das Kontrollsystem hat durchaus immanente Schwächen, formuliert es etwa Christian Vogl, Experte für Bio-Landbau an der Universität für Bodenkultur in Wien. Etwa die mangelhafte Erfassung großer internationaler Warenströme. Aber auch die Trägheit und mangelnde Kommunikation der Lebensmittelbehörden einzelner Bundesländer erschweren es, einen Gesamtüberblick zu bewahren. „Insider sprechen in diesem Fall von einer großen Reaktionsträgheit des Systems, die das Risiko in sich birgt, dass Warenpartien, die gesperrt sind, aber zuvor teilweise schon verkauft wurden, aufgrund mangelhafter Informationssysteme im Handel unbeanstandet bleiben könnten."[5] Ein weiteres Manko sind nicht nur seiner Meinung nach die bestehenden Regeldefizite bei „jungen" Bio-Branchen wie der Gastronomie, Bio-Kosmetik und Bio-Textilien – von einem einheitlichen Vorgehen der Behörden und der Kontrollstellen kann nicht die Rede sein.

Vogel ist daher nicht der Einzige, der eine stärkere Vernetzung unter den verschiedenen Kontrollstellen und Behörden fordert. „Es fehlt der rote

Faden, eine lückenlose Dokumentation der Warenströme über alle Produktionsstufen und Produktgruppen hinweg", heißt es auch in einer Analyse der Kontrollsysteme in Österreich der Arge Bio-Regionen[6], einer Plattform von und für Bio-Verarbeiter zur Sicherheit der Bio-Konsumenten – und nebenbei auch Bio-Qualitätssicherer des Lebensmitteldiskonters Hofer. Alleine, das von ihr bereits 2004 entwickelte alternative Online-Kontrollsystem „Bio-Tracy" stieß innerhalb der etablierten Bio-Vermarkter bis jetzt eher auf Skepsis.

Zur Klarstellung: Natürlich bewegen sich alle Kontrollstellen innerhalb des Rahmens, den die EU-Norm 45011 für Kontrollstellen vorsieht. Um diese Mindestanforderungen und jene, die an den zu kontrollierenden Bio-Betrieb zu stellen sind, kommt keiner herum. Österreich dürfte im EU-Vergleich überdies nicht so schlecht liegen, lässt etwa ein Bericht über Kollegen in Andalusien (Spanien) vermuten, der von mangelnder Personalausstattung (rechnerisch unmögliche 420 Betriebskontrollen jährlich pro Kontrollor), trotz Pestizidbelastung zertifiziertem Gemüse (das die deutschen Behörden wieder zurückschicken mussten) oder Öko-Fischzertifikaten (ohne dazu passende Verordnung) berichtet.[7] Gemessen an der Kontrolldichte liegt die heimische Bio-Branche vor allem auch um einiges vor den konventionellen Kollegen. Das geht so weit, dass der immer höhere Kontrollaufwand und die Kontrollkosten besonders Klein- und Kleinstbetriebe treffen, die zunehmend unter die Räder kommen – und damit erst recht der Weg zur industriellen Produktion freigemacht wird, kritisieren Vertreter der Bio-Landwirtschaft aus

dem Demeter-Verband.[8] Immerhin 37 Prozent der Landwirte, die zwischen 1998 und 2001 in Österreich aus der Bio-Landwirtschaft ausstiegen, gaben als Hauptgrund an, keine Bio-Kontrolle mehr zu wollen, der drittwichtigste Faktor (nach finanziellen Gründen), zeigte eine Befragung des Instituts für Agrar- und Forstökonomie der Boku in Wien im Jahr 2005.[9]

Das können Sie glauben

- Auch bei gesetzlich genau geregelten Mindestkontrollanforderungen gehen nicht alle Kontrollstellen einheitlich streng und umfassend bei ihren Bio-Kontrollen vor.

- Spezielle Präferenzen von Großkunden und harter Wettbewerbsdruck unter den privaten Kontrollstellen trüben das Bild von der geschlossenen Vorgehensweise gegen den Bio-Missbrauch.

- Die Schwächen des Bio-Kontrollsystems liegen unter anderem in der mangelnden Vernetzung zwischen Kontrollstellen, Behörden und Marktteilnehmern und im uneinheitlichen Vorgehen bei nicht in der EU-Bio-Verordnung geregelten Branchen wie Gastronomie, Kosmetik und Textilien.

- Allerdings: Gemessen an konventionellen Produkten sind die Bio-Varianten die bei weitem am besten kontrollierten Lebensmittel.

Nur bei meiner Ehr?

Von wegen: Echt bio bedeutet knallharte Vorgaben und kiloweise Gesetzestexte – selbst beim EU-Mindeststandard.

„Aus biologischer Landwirtschaft" – das kann ja jeder draufschreiben! Und überhaupt, wer's glaubt, wird selig! Nun ja, so einfach ist es nun nicht. Schon der kleinste gemeinsame Nenner, die Mindestanforderung, die jeder Betrieb, der ein Lebensmittel als „bio" verkaufen will, erfüllen muss, hat es in sich. EU-Verordnung (EWG) Nr. 2092/91 – so heißt diese „Bio-Bibel", die im gesamten EU-Raum die unterste Messlatte an Bio-Standards für Lebens- und Futtermittel vorgibt.[1] Und selbst dieser „Mindeststandard" ist Lichtjahre besser als die gesetzlichen Regelungen, die in der industrialisierten, konventionellen Landwirtschaft und bei der Produktion von herkömmlichen Lebensmitteln gelten.

Mittlerweile in der 60. Auflage seit der Erstauflage 1991 und um rund 70 Ergänzungen und Verschärfungen erweitert, umfasst die EU-Bio-Verordnung heute samt Anhängen in der deutschen Fassung rund 120 Seiten, auf denen jedes kleinste Detail geregelt wird: Welche Düngemittel der Bauer auf seinen Feldern einsetzen darf, welches Futter er für seine Tiere verwenden darf, wie viel Platz ein Bio-Huhn sein Eigen nennt, wie viel „bio" in einem verarbeiteten Bio-Produkt enthalten sein muss, welche Auswahl an Zusatzstoffen erlaubt ist, wie die Bio-Kontrolle stattzufinden hat und was eine Bio-Banane aus Ecuador alles können muss, um bei uns mit einem Bio-Siegel im Regal eines Supermarkts zu liegen. All diese – manche meinen sogar: zu detaillierten – Regelungen müssen von einem Bio-Bauern oder einem Bio-Verarbeiter *„mindestens"* eingehalten werden – drunter geht nichts! Keine Bio-Kennzeichnung auf Lebensmittel, ohne die EU-Bio-Verordnung zu erfüllen!

▶ **Aber es geht noch strenger**

Die Richtlinien der Bio-Verbände wie z.B. Bio-Austria, Bioland, Naturland (beide Deutschland) oder BioSuisse, nur um die größten im deutschsprachigen Raum zu nennen, liegen in bestimmten Bereichen noch *über* dem EU-Standard.[2] Noch mehr Auslauf für Bio-Hühner, noch kleinere Auswahl an zugelassenen Düngemitteln, noch weniger zugelassene Zusatz- oder Verarbeitungshilfsstoffe – irgendwie muss man sich ja unterscheiden. Alles oder nichts: Bei sämtlichen Bio-Verbänden muss beispielsweise der ganze Hof biologisch bewirtschaftet werden. Im Stall bio und auf dem Acker konventionell arbeiten ist bei Bio-Verbänden im Gegensatz zur EU-Verordnung nicht erlaubt.

▶ Rund 24.000 Bio-Kontrollen pro Jahr

Auch die Mindestanforderungen an die Bio-Kontrolle sind in der EU-Bio-Verordnung definiert und machen das Bio-Kontrollsystem zu einem der dichtesten und wirksamsten im Lebensmittelbereich. Ob in Großbritannien, Frankreich, Italien, Spanien Deutschland oder Österreich selbst – in allen EU-Staaten wird dieselbe Messlatte gelegt. In Österreich und Deutschland sind derzeit acht bzw. 22 private Kontrollstellen zugelassen, die Bio-Kontrollen bei den Unternehmen durchführen können.[3] Die Austria Bio Garantie etwa ist Österreichs größte private Kontrollstelle mit rund 10.000 Bio-Bauern und 800 Bio-Verarbeitungsbetrieben unter Kontrollvertrag. Alleine im Jahr 2006 waren österreichweit 130 Kontrollore der Austria Bio Garantie unterwegs. Sie waren bei rund 11.000 unangekündigten Kontrollen am Bauernhof bzw. über 1.400 angekündigten und unangekündigten Kontrollen bei Lebensmittelproduzenten und Händlern im Einsatz.[4]

Alle Kontrollstellen Österreichs zusammen führen rund 24.000 Kontrollen pro Jahr durch.[5]

Für die Zulassung, man nennt sie auch Akkreditierung, müssen die Kontrollstellen einer nationalen Behörde, in Österreich ist dies das Bundesministerium für Wirtschaft und Arbeit, nachweisen, dass sie den internationalen Qualitätsstandard für Kontrollstellen, die EU-Norm EN 45011, erfüllen. Einmal pro Jahr gibt es dann eine Art Rollentausch und die Kontrollstellen werden selbst von der Behörde überprüft, ob sie diese Anforderungen immer noch erfüllen können und Objektivität, Neutralität und Zuverlässigkeit bei den Kontrollen wirklich sichergestellt sind.[6]

Die Kontrollore werden bei ihrer Arbeit begleitet, und in der Zentrale wird anhand von willkürlich ausgewählten Akten nachvollzogen, wie die Kontrollstelle zu ihren Kontrollergebnissen kommt. Die Einhaltung des so genannten „4-Augen-Prinzips" – also eine Art doppelte Kontrolle des Betriebs durch eine personelle Trennung von Kontrolle am Betrieb und Zertifizierung in der Zentrale –, einheitliche Leitfäden und Checklisten, regelmäßige Schulungen der Kontrollore und ein transparentes und einheitliches System für Sanktionen sind Beispiele für diese Anforderungen, durch die sichergestellt werden soll, dass die Kontrollstellen ihre Überprüfungen einheitlich streng und auf gleichem hohen Niveau durchführen. Erst vor ein paar Jahren konnte eine der acht Kontrollstellen in Österreich diese Prüfung nicht bestehen – die Zulassung wurde durch das Ministerium entzogen: Da waren´s nur noch sieben.[7]

Natürlich: Vielen Bio-Pionieren und den „Praktikern" gehen die gesetzlichen Regelungen für die Produzenten und auch die Kontrollanforderungen schon viel zu sehr ins Detail. Sie pochen eher auf einen Ehrenkodex, den die Branche einhalten solle. Außerdem hat die Regelwut natürlich auch ihre Schattenseiten: Eine „Überregulierung" und ein übertriebener Kontrollaufwand benachteiligen v.a. kleine Betriebe, die die immer höher werdenden Anforderungen z.T. nur schwer und mit einer vergleichsweise hohen finanziellen Belastung erfüllen können.

Das können Sie glauben

■ Die Bezeichnung „Bio" für Lebensmittel ist gesetzlich genau definiert – die EU-Bio-Verordnung gibt den an sich schon hohen „Mindeststandard" vor, die Richtlinien von Bio-Verbänden (mit freiwilliger Mitgliedschaft) sind noch strenger!

■ Ständige Weiterentwicklungen und Verschärfung der EU-Bio-Verordnung mit immer genaueren Kontrollanforderungen machen das Bio-Kontrollsystem zum wirksamsten und dichtesten Kontrollsystem im Lebensmittelbereich.

■ Auch die Bio-Kontrollstellen selbst werden regelmäßig von nationalen Behörden überwacht und müssen die Überprüfung bestehen.

Umwelt im Programm?

Die Öko-Vorzeigeförderung „ÖPUL":
außen hui, innen – na ja.

Der Satz zählt zum Standard jeder politischen Lobesrede über heimische Landwirtschaft: Im Musterland Österreich nehmen rund 80 Prozent der Bauern am Umweltschutzprogramm „ÖPUL" teil. Was Agrarier vom Neusiedlersee bis zum Bodensee damit sagen wollen: Schaut her, wir haben den Öko-Gedanken quasi in den Genen. Und eine zweite Botschaft schwingt mit: Die Bio-Bauern können also gar nicht um so viel besser sein als alle anderen.

Beides stimmt leider nur zur Hälfte. Denn das „ÖPUL"-Programm („Österreichisches Programm zur Förderung einer umweltgerechten, extensiven und den natürlichen Lebensraum schützenden Landwirtschaft") hat zwar die Umwelt im Namen, aber ist weit davon entfernt, besondere Anstrengungen zur Erhaltung der Umwelt von den Bauern zu verlangen. „Von einer Ökologisierung der Landwirtschaft ist nicht viel zu sehen, einzelne Maßnahmen richtiggehend kontraproduktiv", meint etwa Wolfgang Pirklhuber, Agrarsprecher der Grünen.[1] Und selbst der nüchterne Agrarexperte Franz Sinabell vom WIFO zeigt sich skeptisch: „Von einem Umweltprogramm zu sprechen ist mittlerweile wohl wirklich etwas übertrie-

ben – das finde ich aber keinen großen Schaden, denn die Umwelt hat ohnehin nie wirklich davon profitiert."[2]

Tatsächlich nahmen etwa 2005 133.096 landwirtschaftliche Betriebe in Österreich – das entspricht genau 80,3 Prozent mit 88,4 Prozent der landwirtschaftlichen Fläche – am ÖPUL teil.[3] Mit exakt 653,7 Millionen Euro ausbezahlter Prämie ist das ÖPUL das größte Förderprogramm für die heimische Landwirtschaft. Und es ist eines der beliebtesten Programme – vor allem für Politiker: Lassen sich doch unter dem Titel des Umweltschutzes die Fördergelder öffentlich leichter verkaufen als eine simple Subvention.

▶ Zweifelhafte Evaluierung

Aber in Wirklichkeit ist das ÖPUL genau das – eine simple Subvention – und somit ein Ökotrick ersten Ranges. Eine im Frühjahr 2006 fertiggestellte – und niemals groß publizierte – Evaluierung (Effizienzüberprüfung) des ÖPUL-Programms für die Periode 2000 bis 2005 zeigt, dass ein Gutteil der Fördermaßnahmen entweder nichts zum Umweltschutz beigetragen hatte oder von den Bauern nicht angenommen wurde.[4] Ganze sechs der 32 durchgeführten Studien zu den einzelnen ÖPUL-Maßnahmen lassen eine eindeutig positive Interpretation zu (etwa jene zu Begrünungsmaßnahmen gegen Bodenerosion), neun deckten deren Wirkungslosigkeit auf (etwa die Erkenntnis, dass das Umweltprogramm ÖPUL nichts zur Erhaltung der Artenvielfalt beiträgt oder zur Erhaltung von Streuobstwiesen), der Rest brachte ein ambivalentes Ergebnis.

Auch der viel gepriesene Rückgang an Pestiziden – eine der geförderten Maßnahmen – sei eine statistische Schönfärberei, behauptet etwa Helmut Burtscher, Experte der Umweltschutzorganisation Global 2000: „Bei genauerer Betrachtung zeigt sich, dass das fast zur Gänze auf den sinkenden Verbrauch von Schwefel in der Bio-Landwirtschaft zurückgeht – die in der konventionellen Landwirtschaft eingesetzten Hauptwirkstoffgruppen nehmen hingegen allesamt rasant zu." Herbizide, Fungizide: plus 6,8 Prozent, Insektizide plus 11,2 Prozent. Und das in Betrieben, die am so genannten Umweltprogramm teilnehmen. Dazu komme, dass seit 2002 der Eigenimport an Pflanzenschutzmitteln erlaubt sei und sich daher jeder Kontrolle entzieht.[5]

▶ Mehr Mist

Weit mehr als dies empört aber eine zweite Tendenz in der für die nächste Förderperiode von 2007 bis 2013 geplanten Variante des ÖPUL viele wirklich ökologisch motivierte Bauern. Denn ganz abgesehen von einer von der EU gewünschten grundsätzlichen Verschiebung der Fördermittel hin zu Infrastrukturmaßnahmen – nicht schlecht, aber eben nicht speziell öko – wurden auch innerhalb des ÖPUL die Signale noch mehr in Richtung Agrarindustrie gestellt, monieren Kritiker wie Ewald Grünzweil, Milchbauer und Obmann der IG-Milch: „Das geht in die Richtung Intensivierung der Landwirtschaft und hat den Namen Umweltprogramm nicht verdient."[6]

▶ Mit Fallbeispielen wird nicht gegeizt

So soll sich neuerdings die erlaubte Menge an auszubringenden Düngemitteln an dem enthaltenen Stickstoffgehalt bemessen, und der wurde auf bis zu 210 Kilogramm je Hektar festgelegt. Jeder Bauer weiß, dass dieser Betrag aber deutlich mehr Tieren entsprechen kann, als zuvor erlaubt war, und somit eine Aufstockung der möglichen Vieheinheiten (GVE) bedeutet. War früher eine Teilnahme am ÖPUL nur dem möglich, der weniger als zwei Tiere pro Hektar gehalten hatte, sind nun auch jene mit bis drei Tieren dabei, die also intensiver wirtschaften. Weil aber auch prinzipiell die Förderhöhen daran gekoppelt sind – je mehr GVE, umso mehr Förderung –, steigt der Frust unter den wirklichen Bio-Landwirten. Ganz abgesehen davon, dass im Gegensatz dazu etwa der Bio-Verband Bio Austria in seinen Richtlinien weit strengere 170 Kilogramm je Hektar vorschreibt.

Umweltschützern wiederum stößt ganz besonders die Förderung der so genannten Integrierten Produktion (IP) innerhalb des ÖPUL sauer auf. IP ist ein Überbegriff für einen ökologisch angehauchten Standard der Agrarproduktion, so etwas wie Bio-light. Global 2000 hat sich die Richtlinien der IP im Hinblick auf den erlaubten Pestizideinsatz angeschaut und dabei rund 190 erlaubte Wirkstoffe identifiziert, darunter dutzende, die als „umweltgefährlich", „giftig" bzw. „sehr giftig" (etwa: „Methomyl")

für den Menschen einzustufen sind. Andere wiederum wurden schon lange etwa vom deutschen Markt gezogen (Endosuklfan), sind in Österreich aber immer noch erlaubt. Auch Experte Burtscher meint: „Es ist zu hinterfragen, ob die beschriebenen Maßnahmen die Bezeichnung Umweltprogramm auch wirklich verdienen."

Zumal das lange nicht das Ende der Kritik an den neuen ÖPUL-Plänen ist, deren genaue Ausprägung innerhalb der EU bis dato noch diskutiert wird.

• War bei Teilnahme am Umweltprogramm bisher der Einsatz von Pestiziden auf Almflächen striktest untersagt, plante man plötzlich Ausnahmegenehmigungen.

- Ausgerechnet die Bio-Acker-Prämie soll gekürzt werden.

- Die Unter- und Obergrenzen für Förderungen sind angehoben worden: alles andere als eine Sicherung der kleinstrukturierten Landwirtschaft.

- Für die bei extensiven Ökobetrieben praktizierte, aber teure Mutterkuhhaltung (in der Regel ist es lukrativer, industrielle Milchaustauscher zu verfüttern, anstatt die Kälber säugen zu lassen) gibt es weniger Förderung als für intensive Milchkuhhaltung.

- Passagen, die eine tierfreundliche Nutzviehhaltung stärker unterstützt hätten, wurden wieder rausgestrichen.

- Gentechnikfreiheit ist als Hürde zur Programmteilnahme nicht verankert.

Wie schwer das so genannte Umweltprogramm „ÖPUL" schon in seiner alten Fassung inhaltlich an seinem Namen zu messen war, zeigt die Tatsache, dass die so genannte Grundförderung als zentrales Maßnahmenbündel vom Landwirtschaftsministerium selbst in der neuen Version ersatzlos gestrichen wurde: Den Agrarbeamten war die Subsummierung einfachster Ackerpflege unter dem Titel eines Umweltprogramms offenbar doch zu heikel.

Allerdings: Nimmt man nicht Österreich als relativ kleinen Player im internationalen Agrarbusiness her, sondern den preisbestimmenden Weltmarkt, dann hat der Stolz auf das ÖPUL auch seinen wahren Kern: Der von den heimischen Lobbyisten 2005 in Brüssel ausverhandelte maximale Förderrahmen von

jährlich insgesamt rund einer Milliarde Euro blieb auf einem viel bewunderten Höchststand, überall sonst in Europa wurde gekürzt.

Auch was Umweltschutz betrifft, ist es anderswo weit schlechter: Verglichen mit den Landwirtschaftsbereichen außerhalb Österreichs werden hierzulande mit allen geplanten Maßnahmen tatsächlich grüne Oasen gefördert. Was hier schon als Agrarindustrie und schädliche Intensivlandwirtschaft gilt, produziert aufgrund der noch immer vergleichsweise strengen Auflagen so teuer, dass ohne Förderung auf dem Weltmarkt nicht reüssiert werden könnte.

Das sollten Sie wissen

- Das zentrale agrarische Förderungsprogramm in Sachen Umweltschutz hat nur minimale positive Auswirkungen auf die Umwelt – zeigen interne Evaluierungsberichte.

- Unter dem Deckmantel Umweltschutz werden immer mehr normale Subventionen zugunsten einer intensiveren Landwirtschaft an die Bauern verteilt – was den echten Bios sauer aufstößt.

- Im internationalen Vergleich allerdings sind die Umweltauflagen (und Sozialstandards) für die heimische Landwirtschaft immer noch so hoch, dass nicht zu Weltmarktpreisen produziert werden kann.

Karges Brot?

Dank Subventionen und hoher Marktpreise werfen Bio-Betriebe weit mehr ab als konventionelle Landwirtschaften.

Drei Dinge zeichnen einen echten Bio-Bauern aus: Zum einen kennt er jede Kuh mit Namen. Dann trägt er Rauschebart (falls männlich ...), Birkenstockschlapfen und Strickjacke. Vor allem aber ist er deswegen so dünn, weil die paar verschrumpelten Äpfel einfach nicht genug einbringen, um ihn und seine Kinder durchzufüttern. Das lange Zeit wahre und hinterher noch eine Zeit lang liebevoll gepflegte Image der Branchenpioniere stimmt in keinem Punkt mehr mit der Realität überein. Wohl gibt es sie noch, die Vertreter einer durch Verzichtsgedanken geprägten Bio-Bauernschaft, doch auch dort sind mittlerweile eher die Kühe namenlos als die Hersteller der Klamotten im Bauernschrank. Und wer heutzutage noch mit dem Mitleidseffekt allzu hohe Ladenpreise zu rechtfertigen versucht, kratzt an einer Bio-Lüge und könnte in Erklärungsnotstand geraten: Denn Bio-Bauern gehören mittlerweile zu den bestverdienenden Kollegen in der Landwirtschaft – so sie ihr Handwerk verstehen (wie in allen anderen Branchen auch).

Wer heute Bio-Bauer ist, darf das nicht nur aus ideologischen, sondern sinnvollerweise auch aus finanziellen Gründen machen.[1] Die offiziellen Daten eines Einkommensvergleiches zwischen konventionellen Landwirten mit Bio-Bauern im „Grünen Bericht" des Landwirtschaftsministeriums aus dem Jahr 2006 zeigt, dass sich die Ökoschiene, abhängig von der Wirtschaftsweise, durchaus bezahlt macht[2]: Bei Marktfruchtbetrieben etwa (diese produzieren zum Beispiel Speisegemüse) lagen die „Einkünfte aus Land- und Forstwirtschaft", das ist die Rechnung Erträge minus Aufwand, bei Bio-Betrieben um 46 Prozent (!) über denen konventionell arbeitender Kollegen (29.842 Euro versus 20.465 Euro). Bei Betrieben mit 25 bis 50 Prozent Forstanteil war es um 29 Prozent mehr und bei reinen Futterbaubetrieben (also Futtergetreide usw) immer noch um elf Prozent.

▶ 32 Prozent mehr Einkommen

Die Gründe dafür sind vielfältig: Zum einen bekommen die Bio-Bauern tatsächlich mehr für ihre Ware. Teilweise sogar viel mehr: Bei Weizen waren es etwa im Jahr 2004 über 60 Prozent mehr, bei Speisekartoffeln sogar um 147 Prozent. Bei Milch wiederum liegen die Erzeugerpreise für die Bio-Variante nur unwesentlich über der konventionellen Schiene (sodass viel Bio-Milch nicht extra gesammelt, sondern ohne weiteres mit konventionell hergestellter Milch verschnitten und konventionell vermarktet wird). Andererseits ersparen sich die Bio-Bauern aber auch einiges an Arbeitsmitteln: So etwa rund 90 Prozent der Düngemittel, auch Futtermittel müssen weit weniger (um rund die Hälfte) zugekauft werden

Das „Erwerbseinkommen je Arbeitskraft", so eine künstliche Kennziffer in der offiziellen Agrarstatistik, liegt etwa bei einem Bio-Marktfruchtbetrieb bei 33.586 Euro und damit um 32 Prozent über dem des konventionellen Nachbarn (25.371 Euro).

Für diesen großen Unterschied sorgen aber nicht nur bessere Preise für Bio-Produkte am Markt, sondern auch ein ordentlicher Batzen an öffentlichen Förderungen, gesteht etwa der Generalsekretär der Landwirtschaftskammern August Astl im Gespräch mit dem Wirtschaftsmagazin „trend" im Sommer 2006[3]: „Die meisten Bio-Bauern werden Bio-Bauern, weil es die Differenzierung bei den Förderungen gibt." Liegen doch die Subventionen für die Bio-Betriebe zwischen 26 und stolzen 58 Prozent (Marktfruchtbetrieb) über denen für einen herkömmlichen Landwirt. „Nur" 29,3 Prozent der Erträge konventio-

Bio gewinnt

Beispiel Betriebsdaten (Durchschnitt/Betrieb) Marktfruchtbetriebe: deutlicher Einkommensvorteil für den grünen Bio-Daumen.

	Bio	Konventionell
Testbetriebe	49	390
landw. Fläche (in ha)	41,15	38,66
Ertrag (in Euro)	**81.640**	**74.138**
davon u.a. - öffentliche Gelder	34.286	21.751
Aufwand	**−51.798**	**−53.673**
davon u.a. - Düngemittel	320	3.342
- Personalaufwand	1.428	924
Einkünfte aus Land-/Forstwirtschaft	29.842	20.465
Erwerbseinkommen je Arbeitskraft	**33.586**	**25.371**

Quelle: Grüner Bericht 2006

neller Marktfruchtbetriebe bestehen demnach aus öffentlichen Geldern. Der Vergleichswert ihrer biologischen Kollegen liegt dagegen bei beachtlichen 41,9 Prozent (das sind im Durchschnitt über 34.286 Euro, bei Futterbaubetrieben immer noch 19.712 Euro). Auch bei den Sozialtransfers (also Erleichterungen bei diversen Abgaben, Gebühren usw.) schneiden die Bios um 20 Prozent besser ab.

Diese Mechanismen bestätigt auch eine Studie der Universität für Bodenkultur in Wien über ökonomische Aspekte von Bio-Landwirtschaft anhand dreier verschiedener, kleiner Milchviehbetriebe bereits im Jahr 2003, als die preistreibende Nachfrage nach Bio erst so richtig begonnen hatte[4]: „Allerdings wird die Zunahme auf der Kostenseite im Falle der Zahlung von Bio-Zuschlägen und durch höhere Förderungen überkompensiert, sodass alle drei Betriebstypen durch eine Umstellung betriebswirtschaftlich bessergestellt werden."

Kein Wunder, dass in der agrarpolitischen Diskussion immer öfter – und wohl nicht ganz unberechtigt – die Frage auftaucht, ob das Förderniveau, das zu Beginn des biologischen Landbaus wohl gerechtfertigt war, heute immer noch so hoch sein muss – immerhin fließen etwa rund 25 Prozent der Umweltförderungen an die zehn Prozent Bio-Bauern im Land. Meint etwa Friedrich Schneider, Vizerektor der Johannes Kepler Universität Linz[5]: „Bei einer Neuorientierung der Landwirtschaft könnten die Bauern dann sogar ohne staatliche Förderungen auskommen: Der Bauer sollte als kreativer

Das sollten Sie wissen

- Bio-Betriebe sind alles andere als die armen Vertreter der Bauernschaft.

- Eine Analyse der Betriebsdaten zeigt deutliche Ertragsvorteile von Bio im Vergleich zu konventionellen Betrieben. Bei Marktfruchtbetrieben lag dieser im Jahr 2005 bei 46 Prozent (29.842 Euro versus 20.465).

- Abgesehen von höheren Erträgen aus dem Verkauf der Produkte lukrieren Bio-Betriebe auch deutlich mehr Subventionen (zwischen 26 und 58 Prozent).

Unternehmer in der Lage sein, ohne Subventionen auszukommen."

Der einzige Wermutstropfen für hoffnungsvolle Umsteiger: Wer sich für Bio entscheidet, kann die Früchte der Umstellung nicht sofort ernten, denn die Richtlinien sehen eine relativ harte dreijährige Umstellungsphase vor, in der schon nach teureren Bio-Richtlinien produziert werden muss, aber noch nichts unter dem Namen „bio" verkauft werden darf. „Hergestellt im Rahmen der Umstellung auf die biologische Landwirtschaft" steht dann auf den Waren. Außerdem, so zeigt die Analyse natürlich auch: Vor allem Betriebe in benachteiligten Lagen entscheiden sich dafür, auf Bio umzustellen. Bio-Subventionen sichern damit die Erhaltung ländlichen Raumes, eine politisch gewünschte Zielvorstellung.

Klein, fein, bio?

Bio-Vorschriften lassen sich auch in Mega-Einheiten umsetzen.

Sie haben auch diesen alten Bäckermeister vor Ihrem geistigen Auge, der von Hand, versteht sich, in liebevoller Kleinarbeit den Bio-Teig knetet – Bio-Mehl, Wasser, Salz und sonst nichts – und den Dorfbewohnern einzeln knuspriges Bio-Brot und Weckerl verkauft? Klein, fein, bio – mag sein. Doch rein rechtlich gesehen ist „Kleinheit" keine Voraussetzung für biologische Herstellungsprozesse.

Weder in der EU-Öko-Verordnung[1] noch in den Richtlinien einzelner Bio-Verbände finden sich Vorschriften bezüglich einer Größendeckelung von Landwirtschaften oder Verarbeitungsbetrieben. Wenn, dann sind es Beschränkungen, die sich auf Hektar oder Tiereinheit beziehen – also ohne weiteres multiplizierbar sind. Großlandwirte (für österreichische Verhältnisse) mit über 50 Hektar Grundfläche sind daher auch in der heimischen Bio-Szene durchaus verbreitet (900 Bio-Großbetriebe, das sind 4,5 Prozent, zum Vergleich: Im konventionellen Landbau sind es 11,9 Prozent)[2]. Manche Subventionen für Bio-Bauern wurden in jüngster Vergangenheit geradezu in Richtung größere (intensive) Einheiten hin ausgerichtet: So wurde ausgerech-

net Kleinbetrieben mit einem extensiven Viehbesatz (zwischen 0,5 und 1,2 GVE je Hektar) nach der neu geplanten Umweltförderung ÖPUL („Umwelt im Programm") die Bio-Prämie um ca. 20 Euro je Hektar gekürzt.[3]

Ähnliches gilt im Verarbeitungsbereich. Längst ist Bio für Großbäckerein, große Fleschereibetriebe und seit kurzer Zeit auch Großküchen für die Gemeinschaftsverpflegung und Fertiggerichterzeuger ein Thema. Ein Beispiel sind Niederösterreichs Großküchen in Seniorenwohnheimen, Landeskliniken und Schulen, die auf Grund eines Beschlusses des niederösterreichischen Landtags aus dem Jahr 2001 25 Prozent ihrer Lebensmittel (wertmäßig) in Bio-Qualität einsetzen müssen.[4] Über 80 Großküchen und rund 20.000[5] Tischgäste kochen bzw. kommen in den Genuss von Bio-Lebensmitteln. Notabene: Ohne dass die PatientInnen oder HeimbewohnerInnen dies von sich aus „bestellt" hätten oder die Küchen von sich aus die teureren Bio-Produkte aus „innerer Überzeugung" oder aus Marketinggründen gekauft hätten.

Die Bio-Vorschriften lassen durchaus auch zu, dass Europas größte Frischküche „Verkehrsbüro Kulinarik"

auf Anforderung der Stadt Wien für Kindergärten und Schulen rund 50 Prozent seines Rohstoffbedarfs in kontrolliert biologischer Qualität deckt – rund 36.000 Essen pro Tag.[6,7] Ein weiteres Beispiel: Die 13 Spitäler und elf Geriatriezentren des Wiener Krankenanstaltenverbundes werden schon seit dem Jahr 2003 ausschließlich mit Bio-Brot und -Gebäck beliefert – von einer einzigen Bäckerei! Es ist beinahe unzulässig, da noch von „Bäckerei" zu sprechen, muten doch die Produktionszahlen des Unternehmens, das auch an die Handelskette Billa für ihre Bio-Marke Ja!Natürlich Bio-Gebäck liefert, von 50.000 Laib Brot, 350.000 Stück Gebäck und 40.000 Mehlspeisen pro Tag mit über 1.000 Mitarbeitern eher nach Fabrik an, wobei vom Unternehmen immer betont wird, noch wie eine herkömmliche „Bäckerei" zu backen, aber eben mit über 100 statt einem oder zwei Backofen im Dauerbetrieb.[8,9]

Aber keine Regel ohne Ausnahmen: Für Geflügel etwa findet sich in der Richtlinien des österreichischen Verbandes Bio Austria eine klitzekleine Größenbeschränkung: Mehr als 4.800 Junghennen darf ein Zuchtstall für Junghennen nicht beherbergen, für

Truthühner gilt eine Höchstgrenze von 2500 Tieren, auch Fische genießen eine Obergrenze. Das setzt einem Größenwachstum doch Grenzen, denn Ställe oder Fischteiche lassen sich (relativ hohe Baukosten) betriebswirtschaftlich sinnvoll nicht beliebig vermehren. Außerdem: Je größer etwa ein landwirtschaftlicher Betrieb, umso schwerer tut er sich, die Idee der Nachhaltigkeit einzuhalten, etwa wenn bei der Ausbringung von Gülle eine Relation zur bewirtschafteten Fläche vorgeschrieben ist – das beugt einem unkontrollierten (weil nicht durch Fläche abgedeckten) Größenwachstum etwa von Bio-Rinderbetrieben doch ein wenig vor.

Das können Sie glauben

- „Bio" hat längst schon Einzug bei Großbetrieben gehalten und ist neben der konventionellen Produktion ein z.T. unverzichtbares Marktsegment.

- Keine Bio-Richtlinie enthält Größenbeschränkungen für Bauern oder Verarbeiter.

Raus aus der Globalisierungsfalle?

Auch in der Bio-Branche fressen die Großen die Kleinen, die Schnellen die Langsamen.

Wir schreiben das Jahr 2007. Ganz Österreich ist von Konzernen beherrscht, in denen kalte Strategen, abgehoben in Bürogebäuden aus Glas und Beton, die Warenströme dirigieren und Konsumenten zur Nummer in einem Kundenkartenprogramm degradieren. Ganz Österreich? Nein. In einem Winkel wehrt sich das Häufchen unerschrockener Bio-Visionäre gegen die Globalisierungsfalle und pocht auf lokale Kreisläufe in der Warenbeschaffung, persönliche Ansprache der Kunden und den Schutz von Gänseblümchen, Baum und Wachtelkönig. Allerdings: So nett die Vorstellung auch ist – auch die Bios sind heutzutage den Gesetzen des Marktes unterworfen, auch hier fressen die Großen die Kleinen, die Schnellen die Langsamen und zwingt der am Markt erzielbare Preis einer Ware zur Grenzkostenrechnung: Wer mehr produziert, reduziert die Stückkosten.

Bio ist schon lange nicht mehr automatisch ein heimeliges Rezept gegen die kalte Wirtschaftswelt, wie lange Zeit als Glaubenssatz postuliert[1], sondern Teil von ihr: Das beginnt schon bei der Rohstoffaufbringung in der Landwirtschaft. Nach einem kurzen Einbruch liegt zum Beispiel die Anzahl der Bio-Landwirte in Österreich mit 20.104 im Jahr 2005 etwa auf dem Niveau von 1998. Allerdings: Die bewirtschaftete Hektarfläche hat sich in der Zwischenzeit von 290.000 Hektar auf 361.000 Hektar um ein Fünftel (19,5 Prozent) erhöht[2], die reine Ackerfläche hat sich zwischen 2001 und 2005 gar verdoppelt.

Alleine in den vergangenen fünf Jahren ist die Zahl der Bio-Betriebe, die mehr als 30 Hektar bewirtschaften (also schon eine für österreichische Verhältnisse wahrnehmbare Größe erreichen), um 45 Prozent (auf 2512) gestiegen. Wenn etwa Bio-Winzer Werner Michlits[3] im burgenländischen Pamhagen von seinem Weingarten redet, dann meint er gleich 100 Hektar – eine Größe, die weit über dem Durchschnitt seiner österreichischen Winzerkollegen überhaupt liegt.

▶ Magere 16 Prozent

Und wenn Herr und Frau Österreicher bio einkaufen, dann gehen sie - in den herkömmlichen Lebensmittelhandel. Die Zuwächse gehen zu einem großen Teil auf das Konto großer Handelsriesen wie Billa oder Spar bzw. Diskonter (die machen bereits 32 Prozent des Bio-Lebensmittelhandels) wie Hofer oder Lidl. Nur zum Vergleich: Der lange Zeit bestimmende Fachhandel (Naturkostläden) jubelte im Jahr 2006 über einen Umsatzzuwachs von zwölf Prozent auf 90 Millionen Euro. Das ist mittlerweile allerdings nicht mehr als 16 Prozent des Umsatzes von Bio-Lebensmitteln in Österreich[4] insgesamt. Alleine die Supermarktkette Rewe-Austria (mit den Töchtern Billa, Merkur, Penny) machte im selben Jahr mit der Marke Ja!Natürlich rund 220 Millionen Euro Umsatz und damit mehr als das Doppelte aller Naturkostläden Österreichs zusammen. In Deutschland wies der Handelsberater GFK/Seven One Media in einer Analyse des Bio-Marktes folgende Verkaufsschienen für Bio-Eier aus: Mit weitem Vorsprung von 61,4 Prozent liegt der normale Lebensmittelhandel (inklusive Diskonter) an der Spitze, dann folgen kleinere (Fach)Märkte (13,6 Prozent), nur 9,9 Prozent werden ab Hof verkauft, 5,4 Prozent am Wochenmarkt (sonstige: 9,9 Prozent).[5] Unbestechliche Zahlen, die auch die Selbsteinschätzung der Bio-Konsumenten Lügen strafen, die in Umfragen immer wieder angeben, Bio am liebsten direkt beim Erzeuger einkaufen zu wollen oder am Wochenmarkt.

Dass solche Mengen auch nicht mehr in kleinen regionalen Kreisläufen beschafft werden können, liegt auf der Hand. Handelsketten kaufen international ein, auch Bio-Ware. Die EU-Öko-Verordnung bietet dafür auch einen einheitlichen gesetzlichen Bezugsrahmen. Und das bedeutet, so warnt etwa der Bund Ökologischer Lebensmittelwirtschaft nicht ganz unlogisch: „Da die Kennzeichnung der verarbeiteten Produkte mit dem EU-Bio-Siegel keine Aussage über die Herkunft

des Produkts bzw. seiner Bestandteile ermöglicht, kann sie die Austauschbarkeit der Erzeuger und damit den Preisdruck erhöhen."[6]

▶ Monopol statt Vielfalt

Der Wettbewerb, der heimische Erzeuger ärgert, kann Konsumenten nur recht sein. Denn zu große Strukturen tendieren dazu, Wettbewerb zu behindern, und das geht preislich immer zu Lasten der Konsumenten – auch im Bio-Bereich: Laut AMA-Marketing, der zentralen landwirtschaftlichen Förder- und Marketingeinrichtung Österreichs, stieg etwa die verkaufte Menge an Bio-Lebensmitteln im österreichischen Lebensmittelhandel (inklusive Diskonter) im Jahr 2004 um 1,9 Prozent. Der Wert allerdings erhöhte sich um 8,7 Prozent – weil sich die Einkaufsgewohnheiten übers Jahr nicht so schnell ändern, gibt es nur eine Erklärung: Der Handel konnte wohl höhere Preise durchsetzen. Das passiert bei scharfem Wettbewerb (z.B. Telefontarife) höchst selten.[7]

Auch im Bio-Zwischenhandel kristallisierten sich in den vergangenen Jahren mancherorts Monopol-artige Strukturen heraus, die alles andere als heimelig sind – und für ein anhaltend hohes Preisniveau bei Bio-Produkten sorgen, das nichts mit höheren Kosten bei der Produktion zu tun hat. So etwa sorgt in Österreich eine einzige Firma für fast die Hälfte des Bio-Getreideflusses. Die so genannte Agentur für Biogetreide steht mehrheitlich im Besitz zweier großer Bio-Bauern-Landesverbände (Niederösterreich und Burgenland) aus dem Dachverband Bio Austria und ver-

sorgt sowohl Verarbeiter mit biologischem Speise- wie Landwirte mit Futtergetreide, ihr Marktanteil mit über 100.000 Tonnen Bio-Getreide liegt über 50 Prozent, bei höheren Qualitäten wohl noch darüber. Nur zum Vergleich: Billa wird schon bei einem Marktanteil von rund 30 Prozent Missbrauch einer marktbeherrschenden Stellung vorgeworfen. Der Nachteil für die Handelsmultis – neben dem für die Konsumenten – liegt auf der Hand: Sie sind einem marktbeherrschenden Lieferanten ausgeliefert. Zumal die Getreideagentur dabei mit ihren Mitteln nicht zimperlich ist. Immer wieder beklagen sich kleinere Mitbewerber (Getreidehändler), mit groben Mitteln aus dem Markt gedrängt zu werden. Was auch schon für Unmut unter den Bio-Landwirten selber sorgt, denn sie hätten gerne mehrere Vertriebsmöglichkeiten für ihre Ware.

Wenn Abhilfe, dann kommt sie aus dem Ausland – allen voran vom Großhändler und Marktführer Dennree aus Deutschland, der mit 120 Lkws Naturkostläden in Deutschland, Österreich und der Schweiz beliefert, 2005 rund 200 Millionen Euro Umsatz und den heimischen Lieferanten ziemlichen Druck machte, wie man beim Dachverband des Naturkosthandels zu Kenntnis nehmen musste. Das Zentrallager (siehe Foto) im deutschen Töpen allerdings sieht nicht viel anders aus als eines von Hofer oder Spar.

Aber auch bei den Verarbeitungsbetrieben selbst haben sich in den letzten Jahren die Strukturen hin zu ganz großen Einheiten verschoben. Im Burgenland etwa sind von den 200 Mühlen im Jahr

Zentrallager Dennree: keine Spur von Bio-Romantik.

1960 lediglich sechs übrig geblieben, ganze vier Großmühlen in Österreich sind es noch, die Bio-Getreide in größerem Ausmaß vermahlen und an Großbäckereien liefern können.

Freilich: Im Vergleich zu den Strukturen, in denen konventionelle Lebensmittel produziert und vertrieben werden – man denke nur an die Lebensmittelriesen wie Nestlé oder Unilever –, nehmen sich Bio-Strukturen so überschaubar aus wie ein Klosterkräutergarten zu einer amerikanischen Maismonokultur. Und vor allem passiert in der Bio-Szene das Gleiche wie im konventionellen Bereich: Je größer die Strukturen, umso eher

bieten sich erst recht Nischen für regionale, lokale und intelligente Business-Lösungen. Und dann kann es durchaus vorkommen, dass die örtliche Bäckerei Hartner in Waidhofen an der Ybbs mit regionalen Bauern Lieferverträge für Bio-Getreide abschließt, selbst vermahlt und dann – zertifiziert – lokal als Bio-Bäckerei reüssiert.

Das können Sie glauben

- Bio kann nicht automatisch als heimeliges Gegenrezept zu den immer größeren Strukturen der konventionellen, globalisierten Wirtschaft gesehen werden.

- Gerade in Österreich beherrschen monopolartige Marktteilnehmer die Versorgung für Bio-Lebensmittel und bestimmen damit Produktvielfalt und Preisniveau.

- Der Bio-Fachhandel für Lebensmittel hat gerade einmal 16 Prozent Marktanteil, den großen Kuchen teilen sich die beiden großen Supermarktketten Rewe-Austria und Spar.

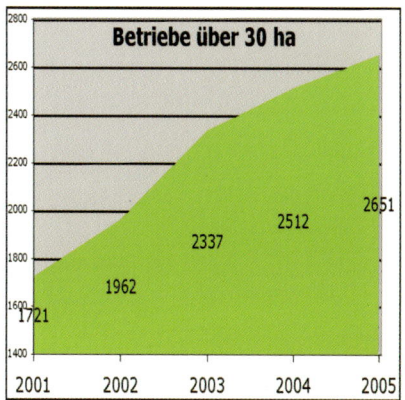

Betriebe über 30 ha

1721 · 1962 · 2337 · 2512 · 2651
2001 · 2002 · 2003 · 2004 · 2005

Steinewerfen im Glashaus?

Bio-Landwirtschaft und beheizte Gewächshäuser sind kein Widerspruch.

Standort: Niedersachsen; 5000 m² Glasgewächshausfläche, z.T. beheizt, Produktion von Salat, Gurken und Tomaten. Zertifizierter Demeter-Betrieb.[1] Richtig gelesen, nicht ein konventioneller Gemüseproduzent wurde beschrieben, sondern ein Bio-Bauer und Mitglied des Demeter-Verbandes. Rechtlich völlig korrekt auch als solcher zertifiziert, denn – man glaubt es kaum! – auch im Bio-Landbau ist der Anbau im beheizten Glashaus oder im Folientunnel gestattet.

„Verfrühung oder Verlängerung der Kulturen", so die Umschreibung für eine (meist) Gemüseproduktion außerhalb der eigentlichen Saison. Wenn frisches Bio-Gemüse vom Konsumenten auch außerhalb der in unseren Breiten recht kurzen Freilandsaison gewünscht und nicht auf importierte Bio-Ware zurückgegriffen wird, dann bleibt schließlich nur der Anbau im Glashaus oder unterm Plastikzelt. Nun ja, klingt zwar irgendwie nicht ganz im Einklang mit dem ökologischen Grundgedanken. Aber zumindest solange nicht geheizt werden muss und Sonnenenergie genützt werden kann, ist dieser Punkt auch für Bio nachvollziehbar.

Aber Heizung für Bio-Gemüse? – Ja natürlich! Lautet auch da die überraschende Antwort. Und tatsächlich, sowohl nach EU-Bio-Verordnung als auch nach den Richtlinien der größten deutschsprachigen Bio-Verbände ist die Beheizung der Gewächshäuser gestattet. Die einzige Einschränkung, die etwa die aktuellen Demeter-Richtlinien vorgeben: „So sparsam wie möglich" solle der Heizenergieeinsatz beim Anbau unter Glas und Folie erfolgen, und Techniken der Energieeinsparung müssen – wo immer möglich – eingesetzt werden[2], was immer dies auch konkret bedeuten mag. Und immerhin gelten die Demeter-Richtlinien als eine der strengsten Verbandsrichtlinien und liegen in vielen Bereichen deutlich über dem gesetzlichen Mindeststandard der EU-Bio-Verordnung.

Etwas konkreter wird Bio Suisse, der größte Schweizer Bio-Verband: Vom „1. Dezember bis 28. Februar" dürfen die Kulturen lediglich frostfrei (+5 °C) gehalten werden. Bei der Wahl des Heizungssystems und der verwendeten Brennstoffe ist die Umweltverträglichkeit zu berücksichtigen", heißt es weiter, wieder etwas verwaschener. Am lockersten diesbezüglich ist Bio Austria, nach deren Richtlinien im Winter bis 10 °C geheizt werden darf ,und das, ohne eine Einschränkung oder einen Hinweis auf die zu verwendenden Brennstoffe zu machen. Für die ausschließliche Beheizung mit nachweislich erneuerbarer Energie (nachwachsende Rohstoffe, Sonnenenergie) und Abwärmenutzung ist schließlich gar keine Temperaturobergrenze mehr vorgegeben.[3]

Klar, verglichen mit konventionell bewirtschafteten Gewächshäusern, bei denen es bzgl. Energieeinsatz, verwendete Energieträger, Pestizid- und Düngemitteleinsatz kaum Regelungen gibt, sind die Verhältnisse im Bio-Gewächshaus immer noch wie der Garten Eden. Ein negatives Extrembeispiel: „Mar del plastico" – Plastikmeer, so die Bezeichnung der Einheimischen für den 320 km² silbriggrau schimmernden Teppich aus Plastiktunnels in der südspanischen Provinz Almeria, in denen pro Jahr drei Millionen Tonnen Treibhausgemüse (v.a. Tomaten, Paprika) hauptsächlich für den EU-Markt produziert werden. Die „Gemüsebauern": Großteils „papierlose" Immigranten aus Marokko, Schwarzafrika und zunehmend Osteuropa und Lateinamerika, die bei bis zu 50 °C unter den Plastikfolien schuften. Die Anbaumethode: „Hors-Sol" – definierte Nährstofflösungen auf einem künstlichen Boden. Der Pflanzenschutz: durchschnittlich 40 Liter Pestizide/Hektar, drei- bis viermal so viel wie bei den in Verruf geratenen holländischen Glashaus-Tomaten. Massive Gesundheitsschädigungen mit Todesfolge bei den TreibhausarbeiterInnen durch die verwendeten Pflanzengifte sind mittlerweile durch Studien belegt.[4]

Das sollten Sie wissen

- Auch im Bio-Landbau ist der Anbau in Gewächshäusern (unter Glas oder Folie) erlaubt, die Bestimmungen der Bio-Verbände bzgl. Beheizung sind z.T. schwammig.

- Verglichen mit konventionell bewirtschafteten Gewächshäusern sind Ökobilanzen bei Bio v.a durch den Verzicht auf chemisch-synthetische Pestizide und Kunstdünger und die Einschränkungen bzgl. der Heizung im Winter deutlich günstiger.

Freier Auslauf?

Bei vier von fünf Bio-Bauern endet die Bewegungsfreiheit glücklicher Kühe hinter der Stalltüre.

Kaum ein Bild über biologische Landwirtschaft hat sich dank Werbespots, Anzeigenkampagnen und Medienberichten so in den Köpfen der Konsumenten eingeprägt wie das der glücklichen Kuh auf der Alm. Doch nicht nur dass die konventionelle Landwirtschaft ungerechtfertigt an diesem Klischee mitnascht – gerade bei der biologischen Rinderhaltung ist die Lücke zwischen dem teuren Anspruch und der Realität weit größer, als es gutgläubige Konsumenten für möglich halten. Glückliche Bio-Kühe stehen in Wirklichkeit weit häufiger angebunden im Stall, als dass sie auf der Alm einen Halm zermalmen können.

▶ **Kurz angebunden**

Das vorherrschende Stallsystem in Österreich ist auch bei Bio-Betrieben nach wie vor die so genannte Anbindehaltung, bei der die Tiere im Gegensatz etwa zu einem Laufstall zumindest während der Stallhaltungsperiode (Winter) an einem Platz fixiert sind.[1] Die Kontrollstelle Austria Bio Garantie kommt in ihren Berechnungen für das Jahr 2006 auf durchschnittlich doch verblüffende 70 Prozent der Bio-Bauern. Eine Untersuchung zur Produktion von Bio-Milch in Österreich im Jahr 2004

an der Universität für Bodenkultur in Wien[2] weist 79 Prozent aus. Je kleiner der Betrieb, umso mehr offenbar: Bei Betrieben mit unter 40 Tonnen Milchliefermenge (das entspricht etwa 15 bis 20 Kühen) waren es gar 90,8 Prozent, in Deutschland, vermutlich bei weit höheren Betriebsgrößen, sind es nur ein Drittel.[3]

Das ist aus mehreren Punkten bedenklich – zum einen widerspricht die Anbindehaltung allen Erkenntnissen zur artgerechten Tierhaltung. Verhaltensabweichungen, Krankheiten sind die Folge: Das Fell wird abgescheuert, die Tiere werden nervös, die mangelnde Bewegung verursacht Gelenksprobleme, natürliche Brunstverhalten wie Bespringen werden unterbunden[4] usw.

▶ **Großzügige Ausnahmen**

Außerdem widerspricht die Praxis zumindest der Idee nach einem generellen Verbot der Anbindehaltung für Bio-Betriebe in der EU-Öko-Verordnung im Jahr 2000. Allerdings gibt es dort auch viele Möglichkeiten für nationale Ausnahmen. Österreich hat sie genutzt[5, 6]: So gilt das Verbot etwa nur für Stallneubauten, „ältere" Ställe (vor Sommer 2000 gebaut) dürfen bis zum Jahr 2010 weiter verwendet werden,

solange die Rinder nur zweimal in der Woche ins Freie dürfen und 180 Tage pro Jahr auf der Weide stehen (landwirtschaftlich keine schwere Auflage und betriebswirtschaftlich keine sinnvolle – statt in ältere werden Ersatzinvestitionen in jüngere Bauten getätigt). Dabei wäre die Adaption der Ställe in vielen Fällen ohnehin nicht wirklich kostspielig, verweist etwa die Gesellschaft für ökologische Tierhaltung in Deutschland auf entsprechende Praxisbeispiele.[7]

Kleine Betriebe sind auch nach dem Jahr 2010 von der Regelung ausgenommen, der exakte Grenzwert ist noch ungeklärt. Das Landwirtschaftsministerium geht von 15 Kühen plus Nachzucht aus[8] – ein Großteil der Bio-Rinderbetriebe in Österreich (der Durchschnitt liegt etwa bei 8,7 Milchkühen[9]). Womit die kuriose Situation eintritt, dass große Bio-Betriebe mit vielen Rindern strengere Reglungen haben als Bio-Bauern mit wenigen Tieren.

Auch die Bio-Verbände tun sich nicht mit strengeren Vorschriften hervor. Bio Austria, der größte Dachverband in Österreich, formuliert zwar eindeutig: Die Anbindehaltung ist grund-sätzlich verboten, um danach für Rinder (nicht für Kälber) exakt jene Ausnahmeregelungen zu formulieren, die die EU-Verordnung möglich macht.[10] Allerdings – so die sofort folgende Relativierung in den Richtlinien – nur, „wenn es die Lage des Hofes zulässt".

Außerdem: In Summe muss das Haltungssystem auch bei den Bios gerade mal 21 TGI-Punkte erreichen, eine fiktive Bewertungszahl für artgerechte Tierhaltung, bemängelt etwa der darauf spezialisierte Freiland-Verband: „Es

wurde zu wenig kommuniziert, dass 21 Punkte den unteren Rand des Bandes ‚ziemlich tiergerecht' kennzeichnen und gleich darunter der obere Rand von ‚wenig tiergerecht' liegt." Und zitiert eine Untersuchung der Bundesanstalt für Landbau in Gumpenstein aus dem Jahr 2004: Von 20 rinderhaltenden Bio-Betrieben erfüllte nur ein einziger Betrieb alle vorgeschriebenen Haltungskriterien aus dem Tierschutzrecht.[11]

▶ Besser getroffen

Allerdings: Verglichen mit den Bedingungen konventioneller Massen-haltung haben es die Bio-Rinder – zumindest was die Vorschriften betrifft – besser getroffen. Das beginnt bei wenig artgerechten Spaltenböden in den Ställen, geht über den zulässi-gen komplett verweigerten Auslauf (das heißt Anbindehaltung für 365 Tage pro Jahr) bis hin zu kleineren Flächen in den Liegeboxen in konventionell geführten Ställen. Freilich entscheidet letztlich die Praxis, die Situation des einzelnen Betriebes und das Engagement jedes einzelnen Landwirts, ob es einer Bio-Kuh tatsächlich besser geht als einer konventionellen Hochleistungskuh. Im Interview mit dem Wirtschaftsmagazin „trend"[12] meint etwa Werner Lampert, Erfinder Österreich größter Bio-Handelsmarke Ja!Natürlich und zur Empörung seiner Exkollegen 2006 zum konventionellen Projektbetreiber mutiert, nicht ganz überraschend: „Wenn ich mir die Tierhaltung in der Milchwirtschaft anschaue, denke ich, dass die konventionelle teilweise höhere Standards hat. Eine so hohe Qualität der Tierhaltung habe ich bei Bio selten gesehen."

Das sollten Sie wissen

■ Die Anbindehaltung für Rinder ist wenig artgerecht – wird aber auch bei vier von fünf Bio-Bauern praktiziert.

■ Lieber wird das grundsätzliche EU-Verbot für Anbindehaltung in Ökobetrieben kommuniziert – weniger die vielen großzügigen Ausnahmeregelungen der Bio-Verbände.

■ Viele konventionelle Rinder-Betriebe nähern sich bzgl. der Rinderhaltung (Laufstall) den Bios an – bei anderen Kriterien (Futter, Medikamente) bleiben gravieren-de Unterschiede.

Besser leben

Wer aller mit dem Zusatz „Bio" wirbt –
aber wenig damit zu tun hat.

Am Anfang waren Bio-Tricks & Öko-Schwindel. Vor 17 Jahren mittlerweile zerlegten die Autoren Adam Adler und Hanswerner Makwitz mit ihrem gleichnamigen Bestseller alle Trittbrettfahrer des aufkommenden Booms aus dem Umweltbereich. Seither hat sich nicht viel verändert – zu groß ist die Sehnsucht vieler Konsumenten nach den damit verbundenen Werten rund um Natur, Einfachheit und Fairness, in einer Welt, die – wenn auch nur scheinbar – zunehmend künstlicher, komplizierter und rücksichtsloser wird. Die Hersteller aller Branchen nützen den pseudogrünen Bonuseffekt und – natürlich – wären keine Kaufleute, wenn sie es nicht täten.

Dieses Kapitel soll eine – und weil nur Randthema unseres auf Lebensmittel zentrierten Buches – beispielhafte Auswahl an Futter für geistige Abwehrstrategien gegen Ökoschmähs liefern. Denn mitt-lerweile hat der so gut wie jedem Produkt einen scheinbaren Mehrwert verpassende Zusatz „Bio" einen Turbo aus dem Agrarbereich bekommen. Wer den Erhalt des Mobilitätsniveaus ohne jede Verhaltensänderung mit Bio-Diesel sichern will, suggeriert eine Nachhaltigkeit, die ausgerechnet die Landwirtschaft – zumindest in Europa – kaum erfüllen kann. Wer nur zwecks Stopp der Klimaerwärmung mit Holz heizen will, muss sich bewusst sein, dass diese Ressourcen endlich sind und unverbrannt eigentlich auch CO_2 binden. Und wer an seine Haut nur Wasser und Bio-Kosmetik lässt, sollte mit einem Naturvertrauen an die Hersteller ausgestattet sein – denn gesetzlich verbindliche Richtlinien dazu gibt es keine.

Es scheint beinahe schon so, dass besondere Skepsis gerade dann angebracht ist, wenn auf Non-Food-Produkten „Bio" draufsteht.

Vielen Tank, für die Blumen?

Bio-Treibstoffe werden in Europa ökologisch wie ökonomisch überbewertet.

Schon beim Wort Bio-Treibstoffe alleine sehen vor allem Umweltpolitiker förmlich die Blümchen beim Auspuff rauskommen – und die Wähler in die Wahlzelle reinkommen. Allerdings: Je weiter der Zug in Richtung Bio-Treibstoffe fährt, umso mehr verschwindet von dem versprochenen biologischen Mehrwert in den verflochtenen Regelkreisen der Weltwirtschaft.

Schon der Name führt in die Irre. Denn abgesehen von Teilen der Landwirtschaft und einzelnen Frächtern werden Bio-Treibstoffe selten in reiner Form verwendet. Seit 2005 müssen laut Verordnung 417/2004, mit der die österreichische Bundesregierung die EU-Bio-Kraftstoffrichtlinie umsetzte, gerade mal 2,5 Prozent der in Österreich in Verkehr gebrachten Pkw-Treibstoffe biogenen Ursprungs sein. Der Rest ist fossil wie eh und je – ganz abgesehen davon, dass die Rohstoffe für den pflanzlichen Zusatz garantiert nicht aus biologischer Landwirtschaft stammen. Dass dafür dennoch gesetzlich der Name „Diesel Bio Plus"[1] verwendet werden darf, entrüstet die Bio-Verbände[2]. Bisher allerdings wollten die Mineralölmultis die Bezeichnung gar nicht nutzen, da sie um ihr technisch-

cleanes Image fürchteten. Das könnte sich – Bio gilt nicht mehr als „schmuddelig" – rasch ändern.

Ab 1. Oktober 2007 muss die beigemischte Menge auf 4,3 Prozent und 2008 gar auf 5,75 Prozent steigen. Die nächste Bio-Lüge: Das mittlerweile politisch groß verkündete Ziel, im Jahr 2010 schon zehn Prozent Beimischung an Bio zu erreichen, ist gar nicht so ambitioniert, wie es scheint. Denn die EU misst die geforderten Prozentwerte am Energiegehalt. Und 5,75 Energieprozente entsprechen ohnehin acht oder neun Volumsprozent, was die 10-Prozent-Ankündigung dann doch relativiert. Kleines Dilemma aber für die Kraftstoffhersteller: Zehn Volumsprozent übertreffen die geltende Treibstoffnorm, die bisher maximal fünf Prozent Beimischung toleriert – eine EU-Norm-Änderung ist notwendig, aber heiß umstritten.

Gesetzlich forciert wird die Beimischung in Österreich auch durch eine Art Strafsteuer für pur verkaufte fossile Mineralöle.[3] Gleichzeitig wurde der normale Mineralölsteuersatz von 30,2 Cent je Liter für Mischdiesel pauschal auf 29,7 Cent je Liter gesenkt. Senkung klingt ganz gut, doch der gleiche Liter wäre zuvor ohne die Pauschalregelung noch mit lediglich 28,96 Cent besteuert gewesen (wegen der damals anteiligen Berechnung des zu 100 Prozent steuerbefreiten reinen Bio-Zusatzes): Der damalige Finanzminister Karl-Heinz Grasser hat eigentlich die Steuer erhöht.

Zudem könnte auch die Ökobilanz – zumindest in Österreich – nicht ganz so rosig sein wie von Lobbyisten gerne vorgerechnet.[4] So schockte etwa David Pimentel von der Cornell University New York bereits 1998[5] die Ökoszene mit einer Studie, in der er nachgewiesen haben wollte, dass bei der Herstellung biogener Treibstoffe mehr Energie verbraucht würde als letztlich gewonnen (bis zu 71 Prozent). Also mehr CO_2-Ausstoß statt weniger, höhere Produktionskosten als Erlöse, höhere Umweltschäden durch Landverbrauch als ökologischer Nutzen. Das National Biodiesel Board in Amerika allerdings wirft Pimentels wiederholt vorgetragenen Theorien im Juni 2005[6] einen falschen Studienansatz vor, da er etwa

die Produktionskosten für die Bio-Raffinerien genauso in seine Bilanz einbezogen hatte wie den Kalorienverbrauch der dort arbeitenden Mitarbeiter. Auch habe er alte Daten verwendet und die Nebenprodukte wie etwa Futtermittel für die Energiebilanz außer Acht gelassen. Würden außerdem dem fossilen Mitbewerber ebenfalls indirekte Kosten angerechnet (Umweltverschmutzung, kriegerische Auseinandersetzungen usw.), sähe die Rechnung wieder anders aus. In Wirklichkeit würden alle anderen Studien zeigen, dass die Energieausbeute zwischen 22 und 300 Prozent über dem Energieeinsatz liege. Die Internationale Energieagentur urteilte 2004 salomonisch, dass die Berechnungen durchaus unterschiedlich ausfallen können, je nach geografischer Herkunft der Biomasse, Einsatz von Kunstdünger und Rohstoff (Raps, Altöl, Holz ...). Die von ihr beauftragte Eidgenössische Technische Hochschule (ETH) Zürich meldet in einer Studie Ende 2006 Zweifel am ökonomischen Sinn von Bio-Treibstoffen an.[7]

Tatsächlich sind die Subventionen für Bio-Treibstoffe in Europa relativ hoch (Agrarstützungen, Anlagenförderungen, Steuerbefreiungen), und selbst unter diesen Umständen rentiert sich die Beimischung nur bei hohen Preisen für fossile Treibstoffe wie etwa im Jahr 2006. Sinkt der Mineralölpreis, sinkt sofort die Nachfrage nach Bio-Alternativen und damit auch gleich die Preise für die landwirtschaftlichen Rohstoffe wie etwa Raps.[8]

Auch die Agrarbilanz wartet mit Überraschungen auf. Wollte man die verordnete 5-Prozent-Beimischung etwa mit Rapsmethylesther (Biodiesel aus Raps) decken, müsste Österreich seine Anbaufläche vervierfachen (auf 306.000 Hektar): das wäre mehr als ein Fünftel der Ackerfläche Österreichs.[9] Raps ist zudem eine schwer anzubauende Ölsaat, der großflächig nur mit starken Schädlingsbekämpfungsmitteln beizukommen ist. Daher wird importiert, was das Zeug hält[10], v.a. aus Kanada, Nordeuropa – auch nicht im Sinn des Erfinders.

Auch nicht einfach zu organisieren ist der Bio-Zusatz für Benzin, Ethanol. Er wird am besten aus stark zuckerhältigen Rohstoffen produziert und ist derzeit nur als Importware erhältlich. Der Zuckerproduzent Agrana, will ab 2007 in die Ethanolproduktion einsteigen, allerdings dafür hauptsächlich Getreide verwenden.[11] Brasilien kann Ethanol übrigens um rund 20 Cent je Liter produzieren. Das ist etwa die Hälfte des EU-Marktpreises und weit unter dem Wert, zu dem Österreichs Bauern produzieren können (und wollen). Die Folge: Schutzzölle. Innerhalb der Agrarbilanz bringen Bio-Treibstoffe

plötzlich die empfindlichen inneren Gleichgewichte der Branche durcheinander: Futtergetreide, ein wichtiges Betriebsmittel für die Rinderbauern, wäre – weil auch Energielieferant – plötzlich indirekt vom Rohölpreis abhängig. Und nicht nur das: Weil pflanzliche Rohstoffe plötzlich auch für die Treibstoffproduktion begehrt sind, steigen etwa die Tortilla-Preis in Mexico,[12] und auch für die Brotpreise in Europa wird Ähnliches erwartet.

Das sollten Sie wissen

- Bio-Sprit wird als Ethanol zu Benzin, als Rapsmethylesther Diesel beigemischt, und zwar zu maximal 5,75 Energieprozent (acht bis neun Volumsprozent) bis 2010.

- Der Rohstoff Raps für den Dieselzusatz muss weitgehend importiert werden. Treibstoff-Ethanol kann überhaupt erst ab Ende 2007 (aus Getreide statt aus Zuckerrübe) in Österreich erzeugt werden.

- Die Konkurrenz der Produkte (Nahrungsmittel versus Energie) lässt unkalkulierbare Preissprünge und Abhängigkeiten entstehen. Brot, Maisprodukte werden international teurer.

- Die Ökobilanz der Bio-Treibstoffproduktion aus landwirtschaftlichen Produkten ist zumindest umstritten. Die wirtschaftliche Bilanz ist in Europa eindeutig negativ und wird durch Subventionen und Schutzzölle verbessert.

Bestechende Logik?

Gerade Bio-Tattoos können gefährlich sein – und das durchaus dauerhaft.

Und wenn sie nicht verschwunden sind, so sieht man sie noch heute: Bio-Tattoos, Temptoos, auch Time-Tattoos oder auch Permanent-Makeup genannt, werden als probates Mittel gegen das größte Risiko von Tätowierungen verkauft: dass man ihrer nach einiger Zeit doch überdrüssig wird. Doch ihr angeblich natürliches Verfallsdatum, so nach ein, zwei oder drei Jahren, ist ein Bio-Schmäh – mit hohen Kosten.

Normalerweise wird der Farbstoff für Tätowierungen so tief in der Haut platziert (Basalzellschicht), dass er durch die permanente Erneuerung der oberen Hautschichten (Epidermis, Hornhautschicht) nicht abgestoßen wird. Temporäre Tattoos sollten aber exakt in diese oberste Schichten injiziert werden – und somit mit der Zeit abschuppen. Eine unmögliche Vorgabe: Die oberste Hautschicht ist so dünn (zwischen 0,04 und 1,5 Millimeter), dass selbst geübte Tätowierer unweigerlich auch in darunterliegende Schichten stoßen.[1] „Ein langsames Ausschleusen der Pigmente aus der Haut kann definitiv ausgeschlossen werden", stellte etwa ein Gerichtsgutachten im Zuge eines einschlägigen Prozesses gegen eine Kosmetikerin im deutschen Trier fest.[2] Oft werden zudem auch bei der Bio-Variante ganz konventionelle Farbstoffe verwendet – und diese wiesen fast alle zumindest in der Vergangenheit krebserregende Inhaltsstoffe auf, wie ein Test des Magazins „Ökotest" im Jahr 1998[3] bewies. Das ökoalternativ verwendete Henna halten manche Ärzte aber für noch gefährlicher[4], weil es oft (Südeuropa) mit dem eigentlich nur für die Textilverarbeitung zugelassenen chemischen Farbverstärker Para-Phenylendiamin (PPD) vermischt wird. Das kräftigt die Farbtöne, kann aber allergische Hautreaktionen hervorrufen, warnen etwa die deutsche Arbeitsgemeinschaft ästhetische Dermatologie und Kosmetologie[5] oder der Österreichische Verein für Konsumenteninformation.[6]

Weniger gefährlich ist es, die Haut mit reinem Henna zu bemalen. Der Nachteil: Die Ornamente brauchen mehrere Stunden, bis sie halten.

Das sollten Sie wissen

- Bio-Tattoos sind ein Marketingschmäh.

- Die versprochene Kurzlebigkeit entpuppt sich oft als dauerhaft.

- Der alternative Farbstoff Henna kann mit krebserregenden Zusatzstoffen versetzt sein.

Von Natur aus schön?

Bio-Kosmetik hat einen gesetzlichen Schönheitsfehler: fehlende Richtlinien.

Natürliche Schönheit kommt von innen – oder zunehmend durch Naturkosmetik. Nachdem auch Filmstars wie Julia Roberts und Nicole Kidman für einschlägige Produkte werben, hat sich das frühere Schmuddelimage natürlicher Cremen und Wässerchen gelegt, und die Hersteller freuen sich über einen boomenden Markt. Immer mehr Frauen und – man rieche – auch Männer möchten synthetischen Rohstoffen oder bedenklichen Konservierungsstoffen aus dem Weg gehen. Doch ein Tröpfchen Kräuterextrakt macht noch lange keine Naturkosmetik, und „Bio" ist schneller aufs Etikett geschrieben, als es gemäß gesetzlicher Richtlinien kontrolliert werden könnte – es gibt nämlich keine.

Anders als bei Bio-Lebensmitteln gibt es auf europäischer Ebene nicht einmal eine gesetzlich einheitliche Definition des Begriffs „Naturkosmetik", beklagt der Verein für Konsumenteninformation in Wien.[1] Zutaten und Zusatzstoffe seien nicht festgelegt, auch auf eine Kontrolle analog zu Bio-Produkten warte man vergebens. Zwar müssen die Inhaltsstoffe in abnehmender Reihenfolge auf der Verpackung angegeben werden, doch wer weiß schon spontan, ob etwa Cetearyl Glucoside oder Phenoxyethanol in Naturkosmetika etwas verloren haben oder nicht?[2] (Ersteres – Zucker und Kokosfettalkohole – ist „klasse", Zweiteres – naturidentisches Lösungsmittel – „geht noch so", weiß das Kosmetikalexikon auf www.beautyjunkies.de, die „Seite der Kosmetikverrückten".) Und durchaus bekannte Bio-Kontrollorganisationen wie die französische Ecocert vergeben zwar ein Bio-Siegel für Naturkosmetik[3], garantieren aber (kleingedruckt) nicht mehr als zehn Prozent der Anteile aus kontrolliert biologischem Ursprung.

Dass einheitliche Kontrollstandards nötig wären, zeigen Testberichte immer wieder, vor allem über Keimbelastung in Naturkosmetik: Erst Ende 2006[4] kam die Stiftung Warentest deswegen zu einem kritischen Urteil über zwölf Naturkosmetik-Feuchtigkeitscremes: „Natur pur ist nicht immer sanft", und warnte vor Allergien – vor denen ist man allerdings auch der synthetischen Konservierungsmittel wegen in konventioneller Ware nicht sicher. 2004[5] wiederum musste eine bakteriell belastete Bio-Reinigungsmilch aus Kärnten vom Gesundheitsministerium aus dem Verkehr gezogen werden. Das tatsächliche Ausmaß von Qualitätsfehlern lässt sich nur schätzen: Immerhin zehn Prozent der eher bescheidenen Kontrollen bei konventionellen Produkten durch das Gesundheitsministerium (lediglich 900 Zufallsstichproben pro Jahr in ganz Österreich) gaben Grund zu Beanstandung.[6]

Um den Konsumenten eine bessere Orientierung im Dschungel der verschiedensten Qualitätsstandards bei Naturkosmetika zu ermöglichen, schlossen sich einige Naturkosmetikhersteller nun zum Verband „BDIH" (steht für „Bundesverband Deutscher Industrie- und Handelsunternehmen für Arzneimittel, Reformwaren, Nahrungsergänzungsmittel und Körperpflegemittel") zusammen und entwarfen die Richtlinien für „kontrollierte Naturkosmetik" bzw. das entsprechende Siegel dazu.[7] Nicht mehr als ein Versuch, wie der BDIH selbst zugab.[8] Denn tatsächlich finden sich darin durchaus dehnbare Formulierungen: Zutaten aus biologischem Anbau sind nur „soweit wie möglich" einzusetzen, natürliche Rohstoffe sollen „bevorzugt werden". Tja. Auch naturidentische, aber synthetisch hergestellte Konservierungsstoffe wie Benzoesäure, Salicylsäure oder Benzylalkohol dürfen dem „kontrollierten Naturkosmetikprodukt" beigesetzt werden. Positiv am BDIH-Standard zu werten ist allerdings der Verzicht auf organisch-synthetische Farbstoffe, synthetische Duftstoffe, ethoxilierte Rohstoffe, Silikone, Paraffine und andere Erdölprodukte.

Immerhin: Es ist zumindest ein Schritt in Richtung „kontrollierte Bio-Kosmetik". Denn Hersteller, die sich ihre hehren Richtlinien (inklusive Verzicht auf Tierversuche) selbst geben, gibt es durchaus genug[9], von „Loccitane"

über die Londoner Kultmarke „Lush" bis zu „Tautropfen" aus dem Börlind-Konzern. Einzelne Bio-Verbände und Kontrollstellen arbeiten daher in ganz Europa unter Hochdruck an zertifizierbaren Standards, etwa die österreichische Austria Bio Garantie (ABG) in Zusammenarbeit mit der Tierschutzorganisation Vier Pfoten: Unter dem ABG-Logo soll für mindestens 95 Prozent Zutaten aus biologischer Landwirtschaft garantiert werden.

Das sollten Sie wissen

- Anders als der Begriff „Bio" bei Lebensmitteln ist „Naturkosmetik" rechtlich nicht einheitlich definiert.

- Einzelne Initiativen entwickeln ihre eigenen Richtlinien und entsprechende Gütezeichen, die es den Konsumenten zumindest einfacher machen sollen, sich in der Produktvielfalt „natürlicher" Kosmetikprodukte zurechtzufinden.

Watt ihr Volt?

Wasserkraft: Das Öko-Mäntelchen der E-Wirtschaft kann ganz schön schmutzig sein.

„Bio" bei Lebensmitteln, das ist genauso wie „unplugged" bei Popmusik und „Wasserkraft" bei den Energieversorgern. Der Natürlichkeitsanspruch, den Hersteller manchmal besonders betonen, kommt in verschiedenen Branchen unter ganz verschiedenen Bezeichnungen daher – auch wenn immer so ziemlich das Gleiche gemeint ist: natürliche, sozial-ökologische Landwirtschaft (wie früher), natürliche, ohne Elektronik verfälschte Musik (wie früher) – und natürliche, ressourcenschonende Stromgewinnung (wie früher, als es Atomkraftwerke noch nicht gab).

Tatsächlich hat Österreich einen hohen Anteil an umweltfreundlicher Wasserkraft – aber die weiße Weste, die die heimischen Stromversorger auf ihren Stromrechnungen für die Haushaltskunden gerne präsentieren, kommt nur durch ein gerüttelt Maß an Schönfärberei zustande. Die offizielle Kennzeichnungspflicht in Österreich laut ELWOG (Elektrizitätswirtschaftsorganisationsgesetz) lässt jede Menge an Schlupflöchern zu[1] – über die auch bereits vor Gericht gestritten wird. Scheint in der Werbung oder auf Ihrer Stromrechnung der Hinweis auf „100 Prozent Strom aus Wasserkraft" auf, muss das leider noch gar nichts bedeu-

ten. Zum einen können die Stromfirmen die Strommenge verteilt zurechnen: Der tatsächlich vorhandene Anteil an Wasserkraft in der Stromaufbringung eines Stromherstellers wird den (kritischen) Haushaltskunden zugeschlagen – was dort unter Umständen einen scheinbaren 100-Prozent-Anteil ergibt. Das führt aber komplett in die Irre. Denn Gewerbekunden oder Industriekunden, die es mit der Herkunft nicht so genau nehmen, bekommen dann den restlichen Anteil an „schmutzigem" Strom künstlich zugeschlagen.

Aber auch der zunehmende Stromhandel – also das Kaufen und Verkaufen von Erzeugungskapazitäten und Lieferverträgen – zwischen einzelnen Stromlieferanten (also ohne Endkunden) spielt hier eine große Rolle. Gerade Betreiber von Pump-Speicher-Kraftwerken (Verbundgesellschaft, Tiwag) kaufen oft billigen Atomstrom, um damit zu Zeiten niedrigen Stromverbrauchs Wasser in die Stauseen zu pumpen. Zu Zeiten höheren Stromverbrauchs wird dies dann mit dem Ökomascherl „Wasserkraft" lukrativ verkauft. Das Wirtschaftsmagazin „trend" schreibt diesem Mechanismus die wirkliche Motivation zu einigen Kraftwerksneubauten in Österreich zu.[2] Weil sich nicht nachvollziehen lässt, woher der Strom zu den einzelnen Kunden beim Verbrauch physikalisch wirklich herkommt, ist die gesamte vertraglich fixierte (oder selbst produzierte) Strommenge eines Stromversorgers viel aussagekräftiger. Und da sehen die Bilanzen meist anders aus – auch wenn dies gar nicht gerne preisgegeben wird. Die Umweltschutzorganisationen Greenpeace und Global 2000 erheben daher regelmäßig den tatsächlichen Strommix der E-Wirtschaft in Österreich, zuletzt für 2005.[3] Die vollmundig mit Wasserkraft werbende Salzburg AG etwa oder die Tiwag haben beide einen der höchsten Atomstromanteile im Portefeuille (24,8 bzw. 22,4 Prozent). Wien Energie, die Stromtochter der „Umweltmusterstadt" Wien, etwa kann in Wirklichkeit nur mit einem 10,8-prozentigen Anteil an Wasserkraft aufwarten. 75,8 Prozent stammt aus Kraftwerken, die mit fossiler Energie betrieben werden. Null Prozent Atomenergie weisen nur EVN und BEWAG auf.

Aber noch ein zweiter Trick verschleiert die wirkliche ökologische Strombilanz der Stromerzeuger. Infolge mangelhafter Umsetzung von EU-Richtlinien in Österreich können sich heimische Stromkonzerne ihre Herkunftsbilanz mit eigenen Zertifikaten schönrechnen. Die Zertifikate kommen von internationalen Stromerzeugern, die ihren Anteil an Wasserkraft erhöhen und werden an den internationalen Strombörsen gehandelt. Die österreichischen Stromfirmen haben in Summe im Jahr 2004 für mehr als sieben Milliarden Kilowattstunden, das sind elf Prozent des heimischen Stromabsatzes, diese so genannten RECS-Zertifikate in Skandinavien und Spanien gekauft und die gleiche Menge an selbst produziertem „Egalstrom" einfach als Wasserkraft ausgewiesen, unterm Strich eine simple Umetikettierung. „Diese skandalöse Stromwäsche ist nicht nur ein ökologisches Problem, sondern ein Versagen der Wettbewerbsbehörde", ärgert sich Ulfert Höhne, Vorstand eines der beiden wirklichen Ökostromanbieter Österreichs, der Ökostrom AG.[4] Und ein Pflanz umweltbewusster Stromkunden – wie es Wissenschafter des Wiener Institutes arsenal research bei der 3. internationalen Energiewirtschaftstagung an der TU Wien sinngemäß ausführten.[5]

Das sollten Sie wissen

- „100 Wasserkraft" auf Ihrer Stromrechnung (oder in der Werbung) ist bei vielen großen Stromversorgern künstlich herbeigerechnet.

- Die Landesenergiegesellschaften aus den wasserreichen Bundesländern Salzburg, Steiermark und Tirol sind gleichzeitig die größten Atomstromhändler Österreichs (zu über 20 Prozent).

- Einige kleine Stromversorger bieten echten 100-prozentigen Ökostromanteil an, wie etwa die Ökostrom AG oder die Alpen-Adria AG.

Strom hat ein Mascherl:

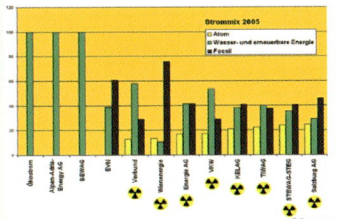

Ökologisch schwitzen?

Was an einer Bio-Sauna biologisch sein soll,
hat noch niemand verbindlich definiert.

Sie glauben, stinknormales Schwitzen wäre natürlich? Geht es nach der Tourismuswirtschaft, urlauben Sie erst dann politisch korrekt, wenn Sie in einer Bio-Sauna transpirieren. Allerdings: Mangels gesetzlicher Richtlinien oder zumindest verbindlicher Verbandsvorschriften – selbst die Angebotsgruppe „Bio-Hotels" muss passen[1] – lässt sich durch den Zusatz „Bio" bei einer Sauna kein Mehrwert konstruieren. Und bezahlen schon lange nicht.

Als Bio-Sauna oder Sanarium gilt in der Branche das Saunieren mit niedriger Temperatur (45 bis 70 °C) und höherer Luftfeuchtigkeit (45 bis 70 Prozent) – Werte, die sich auch im unteren Bereich einer herkömmlichen Sauna finden. Manchmal wird mit Farblichttherapie kombiniert, dann wieder mit Kräuteressenzen – wobei zumindest für Letzteres der Bio-Nachweis leicht zu führen wäre. Genauso wenige Nachweise finden sich zur potenziell wichtigeren Baubiologie[2] – etwa Dämmung (Schafwolle), Energiesparen, Ökoenergie.

Zwar hatte der Berliner Arzt Hans Joachim Winterfeld im Jahr 2000 tatsächlich einen Rückgang des systolischen Ruheblutdrucks bei Hypertonikern festgestellt, die zehn Wochen lang je zweimal zehn Minuten ein Sanarium (55 °C) besuchten.[3] Die Schönheitsfehler: Es war die Auftragsarbeit eines Saunaproduzenten – und der Vergleich zu Hochtemperatursaunas fehlte.

Andere machten ihn: 1976 bereits konnte eine Studie[4] keinen Unterschied zwischen den Saunatypen erkennen. 1986 berichteten finnische (wer sonst?) Forscher von einem blutdrucksenkenden Effekt auch bei über 80 °C[5]. Japans Saunaexperten bestätigten die blutdrucksenkende Wirkung bei 60 °C[6], und erst 2006 fand man wiederum in Finnland bei 80 bis 90 °C die verstärkende Wirkung auf blutdrucksenkende Medikamente.[7] 1992 fand die Universitätsklinik Helsinki den besten blutdrucksenkenden Effekt – bei vorherigem Alkoholkonsum.[8] Und kanadische Experten postulierten zu möglichen Kontraindikatoren lustig: Wer immer selbst hineingehen kann, komme auch selbst wieder heraus.[9]

> **Das sollten Sie wissen**
>
> ■ Auch wenn sie angenehm sind: Für Bio-Saunas gibt es weder Vorschriften noch belegbare Vorteile gegenüber Hochtemperatursaunas.

Wie du mir, so ich Tier?

Hund, Katze & Co mampfen ihr Bio-Futter in einer rechtlichen Grauzone.

Minka und Bello hätten es nicht besser treffen können. Ein treu sorgendes Herrchen, ein Frauchen mit Haus am Land, ein kuscheliger Korb, eine geräumige Hundehütte – und Bio-Futter im Napf. Sie gehören zu der immer größer werdenden Elite aus 1,5 Millionen Katzen und rund 600.000 Hunden in Österreichs Haushalten[1], die bezüglich vermeintlich gesünderer Menüangebote vielen ihrer Halter nicht mehr nachstehen müssen. Allerdings – Bio-Futter für Heimtiere unterliegt keinen verbindlichen gesetzlichen Regeln. Bei den stolzen Preisen, die dafür aber bezahlt werden müssen, ist die Gefahr der Abzocke besonders hoch.

Das Grundproblem: Die sonst für den gesamten Bio-Futtermittelbereich geltende EU-Bio-Verordnung 2092/91 nimmt Heimtiere wörtlich aus den Regelungen aus[2] – auch wenn große Bio-Futtermittelhersteller aus dem Heimtiersektor immer wieder auf die EU-Regelung hinweisen. Selbst wer wollte, dürfte also das EU-Bio-Siegel nicht für Katzenfutter verwenden. Und nationale Regelungen für Bio-Futter haben sich noch nicht etabliert.[3] Die Selbsthilfe großer Futtermittelhersteller für ihre Bio-Produkte: Sie lassen sich freiwillig kontrollieren – aber nach nicht näher definierten Richtlinien. Und das meist auch nur für jenen Bestandteil des Rezepts, der laut Etikett biologischen Ursprungs sein sollte.

Das wiederum muss nicht sehr viel sein. Denn gemäß der österreichischen Futtermittelverordnung reicht etwa ein vierprozentiger Anteil des namengebenden Bestandteils (also etwa: „mit Bio-Huhn") in der gesamten Ration.[4] Manche Hersteller garantieren zwar mehr, aber ihrer Meinung nach reicht für das feine Geschmacksempfinden eines Tieres (Stichwort abwechslungsreiche Kost) ein derart geringer Anteil zur Unterscheidung durchaus aus. Was aber für einen im Preis kalkulierbaren Bio-Mehrwert keinesfalls gelten kann.

▶ Es geht um viel Geld

Alleine in den großen Haustiermärkten Deutschland, Großbritannien und Frankreich wurden 2006 zusammen 2,5 Millionen Tonnen Tierfutter verkauft – so viel wie in den gesamten USA. In Österreich, so stellte Marktforscher Nielsen unlängst fest, wurden 180 Millionen Euro alleine im Lebensmittelhandel für Minki und Bello auf den Ladentisch gelegt. Inklusive Diskontern, Baumärkten und Fachhandel sind es gar 400 Millionen – was davon für Bio-Nahrung ausgegeben wird, ist nicht bekannt.[5,6] Der Anteil in Amerika wird auf zwei Prozent geschätzt, in Europa dürfte er weit darüber liegen, lassen zumindest die fortgesetzten biologischen Produktinnovationen der Hersteller vermuten.

▶ Hundefuttertest

Dass bei einer Untersuchung des Konsumentenschutzmagazins „Konsument" im Jahr 2006[7] ausgerechnet einer der größten Hersteller von Bio-Heimtierfutter in der Bewertung durchfiel,

schockierte naturgemäß die Branche und Hundeliebhaber, zumal, wie der „Konsument" formulierte, „wenn für eine Tagesration auch noch stolze 85 bis 93 Cent hingeblättert werden muss. Zum Vergleich: Am billigsten futtern Bello bei Lidl/Gerodog Vollkostcroquettes mit Rind und Gemüse Vollkostbrocken – da kommt die Tagesration auf 18 Cent." Ein Jahr zuvor testet der „Konsument" Katzenfutter[8] – und auch da fiel ausgerechnet ein Bio-Produkt wegen mangelnder Deklaration bzw. zu hoher Dosierung von Inhaltsstoffen (Kalzium) durch.

Der Zusammenhang zwischen Bio-Ernährung und Gesundheit ist bei Heimtieren hingegen noch weniger untersucht als in der Humanmedizin. „Es tut vielleicht vielen Tierhaltern in der Seele weh", so wird die Veterinärmedizinerin Narda Robinson von der Colerade State University auf „USA Today"[9] zitiert, „aber es gibt keine Untersuchungen darüber, die zeigen, dass Bio-Futter besser ist." In letzter Konsequenz könnte sogar die Gefahr von Verunreinigungen mit Mykotoxinen (Pilzgiften) – besonders in getreidehaltiger Nahrung – bei Bio-Produkten höher sein, immerhin gilt hier ein Pestizid-, Fungizid- und Herbizidverbot beim Anbau und der Lagerung der Rohstoffe, gibt selbst Yarrah, einer der größten europäischen Bio-Futtermittelhersteller zu bedenken.[10] Mit gutem Grund: „Das Vorkommen von Mykotoxinen in Heimtierfutter wurde generell zu einer potenziellen Gesundheitsbelastung von Heimtieren", stellte erst Ende 2006[11] eine kanadische Studie fest, die die weltweite Mykotoxinbelastung von Futtermitteln und mögliche Präventionsmaßnahmen untersuchte. Auch das deutsche Bundesinstitut für Risikoabschätzung warnte erst 2006 vor Schimmelpilzgiften in Trockenfutter für Heimtiernahrung.[12]

Immerhin: Wer von den Futtermittelherstellern einen gültigen Kontrollvertrag mit einer der zugelassenen Bio-Kontrollstellen besitzt, muss zumindest die biologische Herkunft der als „bio" deklarierten Rezeptbestandteile nachweisen und eine plausible Mengenflussaufstellung für diese Zutaten vorlegen können. Herrchen und Frauchen können sich dann sicher sein, für das viele Geld zumindest weniger schädliche Rückstände aus konventioneller Landwirtschaft zu erhalten, die auch im Tierbereich als Allergieauslöser gelten. Das Emblem einer zugelassenen Kontrollstelle ist auch das einzige Unterscheidungskriterium zwischen echten Bio-Produzenten und jenen, die mit irreführenden Begriffen einen biologischen Ursprung der Rohstoffe lediglich suggerieren.

Welche Bestandteile eines Tieres tatsächlich im Tierfutter landen, lässt sich auch aus den Etiketten von Bio-Futtermitteln oft nicht ablesen: „Fleisch und tierische Nebenerzeugnisse"[13], so die übliche Gruppenbezeichnung, die einen großen Interpretationsspielraum zulässt: Ob es sich um „echtes" (Muskel-)Fleisch oder um „tierische Nebenerzeugnisse", also v.a. Schlachtabfallprodukte wie Innereien, Haut, Fettgewebe, Horn, Federn oder um Tiermehl handelt, muss generell – und in Ermangelung eigener Bio-Vorschriften für Heimtiernahrung – auch bei Bio-Futter nicht näher gekennzeichnet werden.

Sicher dürfte jedenfalls auch sein, dass mit der allzu naiven Umlegung von Ernährungsempfehlungen aus der Humanwissenschaft die Tierliebe übertrieben werden kann – besonders in den Vereinigten Staaten, wo sich die Tierschutzorganisationen schon genötigt sehen, etwa jene Katzenhalter zu warnen, die aus Sorge rund um den übertriebenen Fleischverzehr mancher Landsleute gleich auch ihr schnurrendes Haustier zum Vegetarier machen wollen. Nichts scheint unmöglich in einem Land, in dem Schadensersatzklagen erfolgreich sind, weil auf der Mikrowelle der Hinweis fehlt, dass das Gerät nicht zum Trocknen von Tieren gedacht ist.

Das sollten Sie wissen

- Für den Zusatz „Bio" auf Futtermittel für Heimtiere gibt es derzeit keine gesetzlichen Regelungen.

- Die EU-Bio-Verordnung 2092/91 nimmt Futtermittel für Heimtiere sogar wörtlich aus – das EU-Bio-Siegel auf Tierfutterdosen ist somit nicht erlaubt.

- Einzelne Unternehmen lassen sich freiwillig von akkreditierten Bio-Kontrollstellen kontrollieren. Allerdings meist nur für jene Rezeptbestandteile, die am Etikett als Bio gekennzeichnet sind.

- Der namengebende Bestandteil eines Heimtierfuttermittels muss gesetzlich nicht mehr als vier Prozent des Inhalts ausmachen.

Bio-Masse?

Die heimischen Holzressourcen könnten überschätzt worden sein.

Bei allen Häuslbauern, die sich etwa im Jänner 2006 wegen teurer fossiler Energien für ein Heizungssystem auf vermeintlich günstiger Holzbasis entschieden haben, brennt nun nicht nur der Ofen, sondern auch das Geldbörsel: Um stolze 46 Prozent waren die Pellets, in kleine rieselfähige Stücke gepresste Sägespäne, im Jänner 2007 teurer.[1] Ein bisschen viel für einen Rohstoff, der angeblich direkt vor der Haustüre wächst. Und ein bisschen unpassend für das weit verbreitete Image einer stabilen, zukunftsträchtigen Technologie, zumal sich ähnlich rasante Preissteigerungen auch in der holzverarbeitenden Papier-, Zellstoff- und Spanplattenindustrie zeigten.

Was war passiert? Entgegen allen Erwartungen hatte die boomende energetische Verwendung von Holz („Verbrennen") den Rohstoff knapp werden lassen. Offenbar, vermuten nun Experten wie etwa der deutsche Holzforscher Udo Mantau, Professor für internationale Holzwirtschaft an der Universität Hamburg, wurden die zu Verfügung stehenden Holzressourcen europaweit jahrelang falsch berechnet.[2]

▶ Falsche Datengrundlage

Man ging davon aus, dass lediglich rund zwei Drittel des jährlichen Holzzuwachses auch genutzt werden. Die zusätzliche Nutzung als Brennmaterial sei daher kein Problem – so lautete die Botschaft der Biomasseverfechter, die – neben allen gut gemeinten Klimaschutz-Absichten – über die großzügige Förderung der Ökoenergie vielen Waldbesitzern eine neue Verdienstquelle aufmachen wollten. Sie lösten einen Boom aus: Während in Österreich im Jahr 2000 zur Erzeugung für Wärme Biomasse erst im Ausmaß von rund 81,3 Petajoule genutzt wurde (das entspricht etwa zehn Millionen Festmeter Holz – zum Vergleich: Die Bundesforste schlagen jährlich knapp unter zwei Millionen Festmeter) –, jagen die bereits genehmigten oder in Errichtung befindlichen Anlagen bis ins Jahr 2010 den Verbrauch auf 115,3 PJ hinauf.[3]

Für Deutschland allerdings hat Mantau vor kurzem nachgewiesen, dass der tatsächliche Holzeinschlag über dem jährlichen Zuwachs liegt – anstatt darunter. Während die offizielle Statistik etwa im Jahr 2005 lediglich 57 Millionen Festmeter an Holzernte auswies, kam der Holzforscher bei seinen Untersuchungen (unter ande-

rem durch Befragungen von 10.000 Haushalten) auf eine Menge von 17 Millionen zusätzlichen Festmetern, die Kleinverbraucher, Landwirte, Kommunen durchaus legal aus dem Wald geholt hatten – ohne es zu melden. Zusammen ergibt das 74 Millionen Festmeter, die das Zuwachspotenzial der offiziellen Waldinventur von 67 Millionen deutlich übersteigt: „Das europäische Umweltamt (EEA) hat kürzlich einen Bericht vorgelegt, der aufgrund dieses Irrtums das noch nutzbare Potenzial völlig überschätzt. Das ist katastrophal für die Industrie und den Wald – so viel Holz haben wir einfach nicht."

Bisher ging man auch in Österreich davon aus, gerade mal 60 Prozent (18,8 Millionen Festmeter) der jährlich zuwachsenden 31,3 Millionen Festmeter

Holz zu ernten, sodass genug ungenutztes Holz für die energetische Nutzung übrig wäre. Das ist wohl zu hinterfragen. Mantau: „Wir hatten nach eigenen Verbrauchsuntersuchungen festgestellt, dass in Deutschland durchschnittlich um 16 Prozent mehr eingeschlagen werden, als jährlich an Einschlag erfasst wird. Mit den Ölpreissteigerungen in 2005 waren es sogar mehr als zwanzig Prozent. In Österreich dürfte der Effekt ähnlich sein, da der ländliche Raum hier noch einen höheren Anteil hat." Seine Berechnungen korrelieren etwa mit einer Studie des österreichischen World Wildlife Fund (WWF), der erst im Oktober 2006[4] in einer Studie aufdeckte, „dass ein Biomassepotenzial von über vier Millionen Festmeter bereits genutzt wird, ohne dass seine Herkunft erfasst wird".

Dass man sich bisher so verschätzt hat, ist kein Wunder: Über die exakten Stoffströme in Österreichs Holzwirtschaft liegt nur mangelhaftes Datenmaterial vor. So geht etwa das Landwirtschafts- ministerium[5] davon aus, dass gerade einmal 3,7 Millionen Festmeter des Einschlags als Brennholz genutzt wer- den. Der Dachverband Forst-Holz- Papier (FHP) beziffert dagegen den Bedarf für Holz zur Energienutzung auf immerhin zwölf Millionen Festmeter bereits im Jahr 2005.[6] Die Differenz ist mehr, als die ganze Sägeindustrie verwendet – und können sich selbst Branchenexperten nur schwer erklären.

▶ Fehlbedarf zehn Millionen Festmeter

Bis gesicherte Daten vorliegen, könnte sich das Holzproblem noch deutlich ver- schärfen. FHP rechnet etwa mit einem zusätzlichen Bedarf an Energieholz von fünf Millionen Festmetern bis zum Jahr 2010. Dazu kommt der Ausgleich weg- fallender Importmengen von rund drei Millionen Festmetern plus weiteren zwei Millionen für die ausgeweite- ten Kapazitäten in der holzverarbeiten- den Industrie. Macht in Summe zehn Millionen Festmeter Holz, die jährlich zusätzlich aufgetrieben werden müssen. Vor allem, wenn der Plan der neuen Bundesregierung umgesetzt wird, die Nutzung von Biomasse bis zum Jahr 2020 noch zu verdoppeln. Josef Scheff von der Universität Graz beziffert aller- dings in einer Studie[7] über die mögliche Mobilisierung von Kleinwaldreserven das Potenzial bestenfalls mit knapp 1,3 Millionen Festmeter zusätzlich – wenn überhaupt, so seine Zusammenfassung: „Die derzeit zur Verfügung gestellten

Ressourcen lassen eine Umsetzung der Mobilisierungsprojekte in großem Stil nicht zu, und das, obwohl die Akteure genügend motiviert wären."

Angesichts dieser Zahlen ist die allzu großzügige Subventionierung der Biomassenutzung (etwa durch die Ökostromförderung, die es den Holz- Verbrennern unter den Kraftwerks- betreibern erlaubt, höhere Preise für Holz zu zahlen, und die damit den Markt leerkaufen) politisch wohl zu hinterfra- gen. Denn auch die Alternativen zur Waldholznutzung im Energiebereich habe so ihre Tücken: Der großflächi- ge Anbau von Energieholz (schnell- wachsende Pflanzen mit hohen Holz- faseranteilen, wie etwa so genanntes „Elefantengras") in der Landwirtschaft könnte durch schwere Erntemaschinen und intensivere Düngung (da ja kein Lebensmittel) zu einem Verlust an lockeren Humusschichten führen – und die sind dummerweise eines der größten Speichermedien von CO_2 in Europa.

Das sollten Sie wissen

■ Der Biomasseboom hat zu einer unerwarteten Verknappung der Holzvorräte geführt.

■ Die Holzreserven in Österreich und Deutschland wurden bisher weit überschätzt.

■ Dennoch jagen die Pläne für die verstärkte Biomassenutzung den Holzbedarf um zehn Millionen Festmeter pro Jahr hinauf.

Jute statt Plastik?

Der Sexappeal der Bio-Bauern: nicht mehr als eine unfromme Hoffnung.

Von „natürlich" zu „animalisch" ist es nur ein kurzer gedanklicher Schritt – in etwa so wie die Vorstellung, dass Bio-Bauern die besseren Liebhaber seien. Könnte sich die ungezügelte Kraft der Natur, die schon den Lebensmitteln das gewisse Etwas verleiht, doch auch in den Lenden derer niederschlagen, die in dem Bio-System arbeiten und leben? Die hier stark propagierte „Vitalität" hat natürlich eine gewisse erotische Komponente – allerdings scheint aus irgendwelchen Gründen diese latente Möglichkeit nur ganz selten bei den Bios zwischenmenschlich auch manifest zu werden. Zumindest nicht öfter als auf allen von Sünde befreiten Almen dieser Welt – ob Bio oder nicht.

Warum das so ist, hat die sonst wenig prüde Agrarwissenschaft, die kaum ein Detail aus dem Paarungs- und Befruchtungsverhalten im und um den Stall herum unbeleuchtet lässt, bisher kaum untersucht. Dabei gäbe es durchaus geeignete Studienobjekte, etwa auf dem seit dem Jahr 2000 produzierten Jungbauernkalender, der eigentlich zuerst die heimische Jungbäuerinnen- und später erst auch die Jungbauernschaft zur Freude einer immer größer werdenden wissenschaftlichen Forschergemeinschaft von einer ganz unverfälschten Seite zeigt. Die Soziologen ließen bisher den interessanten Vergleich aus, wie viele der mittlerweile rund 100 Models eher der biologischen Wirtschaftsweise zugetan sind oder der konventionellen. Der ob einer diesbezüglichen Anfrage äußerst konsternierte Österreichische Bauernbund als Herausgeber des Jungbauernkalenders gab lediglich an, nach Bundesländern ausgewählt zu haben. Das Liebesleben seiner Mitglieder interessiere ihn hingegen nicht. Schade, immerhin zeigt etwa der Jahresbericht 2006 des „Bäuerlichen Sorgentelefons" des katholischen Bauernverbandes in der Schweiz, dass es hauptsächlich die familiär-partnerschaftlichen Probleme (46 Prozent) sind, die die Anrufer im Jahr 2006 interessierten[1], weit vor allen anderen Dingen wie Gesundheit (16 Prozent), Finanzen (15 Prozent) oder betriebliche Fragen (elf Prozent).

Auch die Macher der streng naturwissenschaftlich angelegten und vom bekannten deutschen Qualitätssender RTL übernommenen ATV-Sendereihe „Bauer sucht Frau" lassen diesbezüglich einigen Erkenntniswillen vermissen. Obwohl das Studiendesign durchaus in Richtung Bio angelegt ist: Immerhin einer der acht oder zehn ausgewählten Agrar-Singles in den bereits drei Staffeln ist regelmäßig als Bio-Bauer definiert. Und tatsächlich: Der Gewinner der ersten Staffel war auch der Bio-Bauer unter den feilgebotenen Auserwählten, in der zweiten wiederum bekam „Franz, der gesellige Bio-Bauer" (41, Wassermann, 191 cm) immerhin zwischenzeitlich die höchsten Werte im online auf der ATV-Homepage[2] geführten Loveometer (zwischen kalt – mittel – heiß), sozusagen ein streng geeichtes Votingmessgerät für den Prickelfaktor zwischen den Kandidaten und ihren Bewerberinnen. Allerdings scheint dieser offensichtliche Bio-Bonus nur eine laienhafte Interpretation von ungebildeten Beobachtern zu sein. Der Abstract (wissenschaftliche Zusammenfassung) aus der ATV-Presseabteilung stellte fest: Bio oder nicht spiele keine Rolle – am meisten Zuschriften bekam bisher entweder der objektiv fescheste (respektive jüngste) Kandidat oder der mit der größten Landwirtschaft. Mädels?! Immerhin, der Bonus der Bio-Kandidaten sei ein sauberer Hof, so eine statistisch signifikante Umfrage unter der verantwortlichen ATV-Redakteurin. „Das wirkt natürlich auch bei Frauen."

Auch ganz seriös gibt es diesbezüglich eine Enttäuschung: Eine immer wieder zitierte Studie des Wiener Karolina-Institutes (Fertilitätsberatung) aus dem Jahr 1996 soll angeblich die spermazoide Überlegenheit der Bio-Bauern beweisen. Allerdings: Bei detaillierter Betrachtung verblasst auch dieser bisher größte Hoffnungsschimmer der Vertreter einer bio-libidinösen Vorteilshypothese. Die (nicht publizierte) Studie gibt es tatsächlich.[3] Allerdings wurde in ihr „nur" die Beeinträchtigung der Spermenqualität von 184 kon-

ventionell arbeitenden Obst- und Weinbauern festgestellt. Etwa beim Volumen: 1,73 Milliliter durchschnittliches Volumen im Vergleich zu 2,04 Milliliter der Kontrollgruppe (beide allerdings weit über dem Normwert von über 0,5 Milliliter), oder in der Kopfseitenbewegung der Spermien (1,91 mic versus 3,03 mic – hier liegt der Normwert bei 3,0 mic). Der vermutete Grund: verstärkte Exposition gegenüber Pflanzenschutz- und Schädlingsbekämpfungsmitteln. Allerdings: Vier andere der sieben untersuchten Mobilitätsparameter zeigten keinen Unterschied zur Vergleichsgruppe. Und: Der Umkehrschluss auf Bio-Bauern wurde nicht untersucht, leider, aber offenbar bewusst – denn die eigentlich ohnehin getesteten 34 Bio-Bauern in der Kontrollgruppe versteckten die Forscher in insgesamt 171 Personen der gleichen Region. In Summe bedeutet das zwar eine Pestizidgefährdung von konventionellen Landwirten (was etwa auch an Glashausarbeitern belegbar ist[4]), eine Aussage bezüglich der Bios lässt sich daraus nicht ableiten.

Spermien sind übrigens scheinbar ein dankbares Untersuchungsobjekt, bei Aussagen zur Bio-Qualität hinken die Vergleiche allerdings öfters[5]: So fand zwar eine Studie aus 1994 tatsächlich eine doppelt so hohe Spermienkonzentration bei Mitgliedern einer Bio-Organisation – die Vergleichsgruppe allerdings waren nicht etwa Pendants aus konventionellen Organisationen, sondern – Fabriksarbeiter (was die Aussagekraft des Vergleichs ein wenig herabsetzt ...), und eine andere Untersuchung aus dem gleichen Jahr, mit ähnlichem Ergebnis, war aufgrund der geringen Stichprobenzahl

nicht signifikant, wie die Forscher selbst zugaben. 1999 wiederum wurden tatsächlich konventionelle und biologische Bauern aus Dänemark untersucht – ohne signifikanten Unterschied in der Spermienqualität.[6] Die gleiche Forschergruppe untersuchte sogar Zusammenhänge mit Bio-Nahrung und fand kein höheres Risiko bei einer höheren Pestizidbelastung – warnte allerdings vor Verallgemeinerungen.[7]

Die Frage, ob Bio-Bauern/Bäuerinnen die fescheren Frauen/Männer bekommen oder ihre konventionellen Pendants, kann so also nicht beantwortet werden. Zumal die Agrarbranche derzeit mehr die Frage interessiert, ob Jungbauern/bäuerinnen überhaupt einen Partner/Partnerin bekommen. Hinweise auch im Sinne der biologischen Landwirtschaft könnte eine aktuelle Untersuchung geben, die die zunehmende Ehelosigkeit unter den Landwirten (laut Schätzungen finden

30 Prozent der Hofnachfolger keinen Partner) weniger quantitativ als qualitativ analysierte. Im Rahmen einer Diplomarbeit an der Universität für Bodenkultur[8] in Wien aus dem Jahr 2006 wurden 21 leitfadengestützte Interviews mit zehn jungen unverheirateten Frauen und elf Bäuerinnen aus Südtirol durchgeführt – und festgestellt, dass sozusagen der Sexappeal von Landwirten generell davon abhängt, wie unabhängig sich die Partnerin vom Hofbetrieb verhalten kann. „Der Schlüssel, wenn schon nicht die Lösung, so doch die Entschärfung des Problems der Ehelosigkeit von Bauern könnte also in der Emanzipation von tradierten Rollenbildern und in einer flexiblen Aushandlung der Rollen in Familie und Betrieb gemäß persönlicher Interessen liegen", urteilen die Forscher. Wohl nur fortschrittliche Landwirte werden diese Forderung erfüllen können – aber es würde nicht wundern, wenn die Bios dabei überrepräsentiert wären.

Kapitel Besser Essen

[1] Trägerrakete für Vitaminbomben

1 siehe etwa: „Machen Vitaminpillen fehlende Fitness wert?". In: Groll M, Holdhaus H, Mörixbauer A, Schobel D: „Die 50 größten Fitness-Lügen". S. 93 ff., Wien 2004
2 „Was essen wir". Robert-Koch-Institut 2003, Checkliste Ernährung, Paolo Suter, Thieme-Verlag, zitiert in: Focus, 31/2003.
3 Alföldi T, Bickel R, Weibl F: „Vergleichende Qualitätsforschung. Neue Ansätze und Impulse täten gut". In: Ökologie&Landbau 117, 2001. Auf: /orgprints.org/00001895; Zugriff: 22.3.2007
4 „Die Aura der Karotte". In: Die Zeit, Nr. 46, 9.11.2006
5 siehe: „Öko vs. Konventionell am Beispiel Vitamin-C". In: ORF Online Science: Neues aus der Welt der Wissenschaft, vom 12.3.2007. Auf: http://science.orf.at/science/news/147565; Zugriff am 22.3.2007
6 Alföldi T et al.: „Bioäpfel – besser und gesünder?" In: Ökologie&Landbau 117, S. 25 ff., 2001. Auf: http://orgprints.org/00004016/
7 Kerbage L et al.: „Bio –die bessere Alternative". In: Ökologie&Landbau,140, 4/2006
8 siehe etwa: „Machen Vitaminpillen fehlende Fitness wert?". In: Groll M, Holdhaus H, Mörixbauer A, Schobel D: „Die 50 größten Fitness-Lügen". S. 93 ff., Wien 2004
9 Elmadfa I, Leitzmann C: Ernährung des Menschen. 3. Auflage. UTB-Verlag 1998
10 Vilimirov A, Müller W: Die Qualität biologisch erzeugter Lebensmittel. Ergebnisse einer umfassenden Literaturrecherche, Wien 2003

[2] Gammelgemüse statt Chemiekost

1 Europäisches Institut für Lebensmittel- und Ernährungswissenschaften (EU.L.E.) e.V., 10785 Berlin, Europäisches Institut für Lebensmittel- und Ernährungswissenschaften (EU.L.E.) e.V, Treffauerstr. 30, 81373 München
2 Siehe etwa: Nagy T: „Risiko Ernährungswende. Das Ungesündeste in Sachen Ernährung ist das ökologische Umdenken". In: Novo-Magazin, März/April 2005, Hrsg: Alexander-Horn-Verlag, Frankfurt
3 „Bio – das natürliche Goodfood". In: bio-siegel report, 1/2006, Hrsg: Geschäftsstelle Bundesprogramm Ökologischer Landbau, 53168 Bonn
4 Avery D.T: „The hidden danger of organic food". American Outlook, Fall 1998, S. 19–22
5 Bodenmüller K: „Biologische, konventionelle und gentechnische Anwendungen in der Landwirtschaft. Gesundheitliche und ökologische Aspekte", Hrsg: InterNutrition – Schweizerischer Arbeitskreis für Forschung und Ernährung, Zürich 2000
6 „DLG-Qualitätswettbewerb 2006. Schmecken Bio-Lebensmittel anders?". Presseaussendung der DLG e.V., 60489 Frankfurt, 19. Jänner 2007
7 Verbraucherzentrale Baden-Württemberg: Pressemitteilung: „Zitrusfrüchte: Unbehandelt kann irreführend sein" 13.12.2001. Download unter http://www.vz-bawue.de/UNIQ117464930815025/link9528A.html; Zugriff am 23.3.2007
8 siehe: Kerbage L et al.: „Qualität und Sicherheit von Bioprodukten – Lebensmittel im Vergleich", Dossier, Forschungsinstitut biologischer Landbau (Fibl), Frick, 2006
9 Roland Klug, Chefeinkäufer des Biogetreidehändlers mit EP-Naturprodukte GesmbH, Oktober 2006
10 Methner U, Diller R, Reiche R, Bohland K: „Occurence of salmonella in laying hens in different housing systems and inferences for control". Friedrich-Loeffler Institut, Jena. In: Berliner/Münchner Tierärztliche Wochenschrift 119(11–12), S. 467–73, Nov/Dez 2006
11 Sauerwein H: „Beurteilung der Milchqualität und Schwachstellenanalyse des Produktionsprozesses in ökologisch bewirtschafteten Milchviehbetrieben – unter Berücksichtigung des Bacillus cereus", Rheinische Friedrich-Wilhelms-Universität, Bonn 2004
12 McMahon MA, Wilson IG: „The occurence of enteric pathogens and aeromonas species in organic vegetables", Food Microbiology Research Group, University of Ulster, Ireland. In: Int J Food Microbiol. 70(1–2), S. 115–62, Ireland 2001
13 Zahnd L: Colonization of apples by microorganisms in organic and integrated orchads", Diplomarbeit, Genf 2000

[3] [4] An apple a day

1 Velimirov A, Müller W: Die Qualität biologisch erzeugter Lebensmittel. Ergebnisse einer umfassenden Literaturrecherche. Wien 2003
2 „Die Aura der Karotte". In: Die Zeit, Nr. 46. 9.11.2006. Auf: http://zeus.zeit.de/text/2006/46/E-Biotext
3 Kalkof J: Ärztliche Beobachtungen und Krankenerfahrungen mit Demeter-Ernährung. In: Ärztliche Rundschau, Nr. 21, S. 320–327, 1935
4 Alm S. J. et al.: „Atopy in children of families with an anthroposophic lifestyle". In: The lancet, Vol 353, Nr. 9163, S. 1485–1488, 1999
5 Huber K, Fuchs N: „Wie wirkt die Erzeugungsqualität von Lebensmitteln". In: Lebendige Erde, Nr. 4/03, S. 42–47, 2003
6 Alföldi T et al.: „Qualität und Sicherheit von Bioprodukten, Lebensmittel im Vergleich" (Dossier Nr. 4), FiBL (Hrsg.), Schweiz, Deutschland, Österreich, 2006
7 in: „Ist Bio wirklich besser?", trend spezial 3 – August 2006, S. 72–92
8 siehe: Velimirov Alberta: Nahrungsmittelqualität von Produkten aus biologischer und konventioneller Landwirtschaft im Vergleich", Hrsg: Bundesministerium für Bildung, Wissenschaft und Kultur. Wien 2002
9 siehe etwa: Rozumek M: „Möglichkeiten und Grenzen bildschaffender Methoden". In: Lebendige Erde, 5/04, S. 44–48, 2004
10 Schultes G.H., Sainz H-G.: „Fertilität bei Wein- und Obstbauern exponiert gegenüber Pflanzenschutz- und Schädlingsbekämpfungsmitteln in Österreich", Hrsg. Umweltbundesamt, CP-019, 1996
11 Mascewsky W: „MCS – wissenschaftlicher, sozialer und politischer Umgang". In: Arzt und Umwelt 11, 1/98, 1998

[5] Geschmackssache

1 „Das Historische Wörterbuch der Philosophie", Hrsg: Ritter J, Gründer K, Gabriel G, Schwabe Verlag, Basel, 1971 bis 2005
2 Test Kartoffelpüree, Stiftung Warentest, Februar 2006

3 „Orangensaft im Geschmackstest", ZDF-Ratgeber WISO, 11.7. 2005, siehe: www.zdf.de/ZDFde/inhalt/27/0,1872,2334747,00.html. Zugriff: 24.2.2007
4 Der Quarks-Fleischtest, WDR Fernsehen, Sendung vom 13.2.2007. Auf: www.quarks.de/dyn/33420.phtml, Zugriff: 24.2.2007
5 „Instantkakaos im Test", Konsument, Verein für Konsumenteninformation, 6/2005
6 Fischer U, Dupin I, Schlich P: „Differenzierung ökologisch und konventionell erzeugter Weine anhand ihrer sensorischen Profile und Aromazusammensetzung". SLFA Neustadt, Deutschland, INRA Dijon, Frankreich, Neustadt, 1998
7 „DLG-Qualitätswettbewerb 2006. Schmecken Bio-Lebensmittel anders?". Presseaussendung der DLG e.V., 60489 Frankfurt, 19. Jänner 2007
8 Alföldi T et al.: „Qualität und Sicherheit von Bioprodukten, Lebensmittel im Vergleich" (Dossier Nr. 4), FIBL (Hrsg.), Schweiz, Deutschland, Österreich, 2006
9 Velimirov Alberta: Nahrungsmittelqualität von Produkten aus biologischer und konventioneller Landwirtschaft im Vergleich", Hrsg: Bundesministerium für Bildung, Wissenschaft und Kultur", Wien 2002
10 „Ist Bio wirklich besser?". In: trend spezial 3, S. 77, 2006

[6] Natürlich sozial

1 Frieder T: „Von der Bewegung zur Branche – der soziale Anspruch droht unterzugehen". In: Ökologie & Landbau 135,3/2005, S. 43–45
2 Schäfer M: „Soziale Standards – von alten Ansprüchen und neuen Herausforderungen", Ökologie&Landbau 135, 3/2005, S. 53–55
3 „Auswertung von Buchführungsergebnissen", Tab 4.1.1, und 4.3.1. In: Grüner Bericht, 2006. Hrsg: Bundesministerium für Land- und Forstwirtschaft, Wien 2006
4 Naturland-Verband: „Auszug Naturland Richtlinien Soziale Verantwortung" Vers. 1/2006; Download über http://www.naturland.de/downloads/richtlinien/nl_rili_auszug_soziale_verantwortung_01_2006.pdf; Zugriff am 31.3.2007
5 IFOAM: „Basis standards for organic production and processing; 8. Social justice". Download über http://www.ifoam.org/organic_facts/justice/pdfs/IBS_chapter_8.pdf; Zugriff am 31.3.2007
6 Grimm F, in Krüger C: „Bio ist sexy". Auf: www.zdf.de/ZDFde/inhalt/1/0,1872,3988641,00.html. Zugriff am 21.3.07

[7] Bio drauf, Natur drin

1 Interview Dr. Johanna Zollitsch, Austria Bio Garantie
2 „Mehr Convenience, weniger Qualität?". Auf: www.oekolandbau.de/grossverbraucher/einkauf/convenience/, Zugriff: 21.3.2007
3 Eichenberger, M.: „Wir dürfen das Vertrauen der Konsumenten nicht verspielen"; In: Ökologie & Landbau, 133, 1/2005
4 „Einkauf: Bio-Gummibärchen; Raus aus der Tüte!". In Schrot&Korn 8/2006
5 Bender Iglauer Backmittel GmbH: Biosortiment Körnermixes; Rezept Bio-Sonnenbrot; office@bender-iglauer.at
6 Plakholm G: EU-Verordnung (EWG) Nr. 2092/91 konsolidierte und ergänzte 60.Fassung Juli

[8] Konventionell geGen Bio

1 Siehe: Stangl R: „Gentechnik in der Landwirtschaft", Grüne Bildungswerkstatt, Edition zuDritt, Schwanenstadt 2005
2 Quelle: RollAMA Motivanalyse, Bioprodukte, Wien 2005
3 siehe: „90 Argumente für den Biolandbau", Forschungsinstitut für den Biologischen Landbau, Frick/Schweiz 2006
4 Bio Austria Produktionsrichtlinien für die biologische Landwirtschaft in Österreich, Fassung Juli 2006
5 „Betrachtung zur Erzeugung von Saatgut in abgegrenzten Erzeugungsprozessen zur Vermeidung einer Verunreinigung mit Gentechnisch Veränderten Organismen (GVO) in Österreich, Österreichische Agentur für Ernährungssicherheit, Wien 2004
6 „Stellungnahme Bio Austria zum Vorschlag für eine „Verordnung des Rates über die biologische Erzeugung und die Kennzeichnung von biologischen Erzeugnissen". Siehe Presseaussendung vom 19.12.2006
7 siehe Bio-Austria, Produktionsrichtlinien 2006, 2.2.1., S. 16
8 Arncken C.: „Hybridsorten im Bio-Getreide? Perspektiven und Akzeptanz der Hybridzüchtung für den Bio-Anbau". Schlussbericht Coop. Naturplan-Fonds, Forschungsinstitut für biologischen Landbau, Frick/Schweiz 2006
9 Wüthrich K, Nowack K, Oehen B: „Trend der GVO-Verunreinigung in Lebens- und Futtermitteln". Forschungsinstitut für biologischen Landbau (Fibl), Frick/Schweiz 2006
10 siehe: Stangl R: „Gentechnik in der Landwirtschaft", Grüne Bildungswerkstatt, Edition zuDritt, Schwanenstadt 2005

[9] Vom Winde verweht

1 Ärzte für schadstofffreie Nahrung; www.schadstoff-frei.info
2 EU-Verordung (EWG) Nr. 2092/91 i.d.g.F
3 „Öko Lebensmittel – Rückstandsfrei?". Auf: www.oekolandbau.de
4 Chemische und Veterinäruntersuchungsämter Baden-Württemberg; Öko-Monitoring Bericht 2005
5 Österreichisches Lebensmittelbuch III. Auflage; Codexkapitel A8; Absatz 11
6 Wyss G, Tamm T, Seiler K: Verunreinigungen von biologisch erzeugten Nahrungsmitteln mit chemisch-synthetischen Pestiziden: Fallstudie Biowein". In: Freyer B. (Hrsg.) Beiträge zur 7. Wissenschaftstagung zum Ökologischen Landbau der Zukunft, S. 241–244. Universität für Bodenkultur, Wien 2003
7 Wüthrich K, Nowack K, Oehen B: „Trend der GVO-Verunreinigung in Lebensmitteln. Analyse und Vergleich der GVO-Verunreinigungen in biologischen und konventionellen Produkten in den Jahren 2000–2005". FIBL-Projektbericht, Frick 2006
8 Interview DI Josef Ritt, Austria Bio Garantie.
9 Chemische und Veterinäruntersuchungsämter Baden-Württemberg; Öko-Monitoring Bericht 2005
10 „Was ist los mit Bio-Olivenöl?, Stiftung Warentest, 9/2005

11 Bundesanstalt für Landwirtschaft und Ernährung: „Auswertung des Pestizidgehaltes von Lebensmitteln ökologischer und nicht ökologischer Herkunft des deutschen Marktes im Zeitraum 1994-2003"

12 Wüthrich K, Nowack K, Oehen B: „Trend der GVO-Verunreinigung in Lebensmitteln. Analyse und Vergleich des GVO-Verunreinigungen in biologischen und konventionellen Produkten in den Jahren 2000-2005". FIBL-Projektbericht, Frick 2006

10 11 Klimaretter glückliche Kuh

1 „Betriebs- und Einkommensdaten im Vergleich 2005 – Vergleich Bio mit konventionell". In: Grüner Bericht 2006. Bundesministerium für Land- und Forstwirtschaft, Tab. 4.3.2, S. 234, 2006

2 Weik S: Die Umweltauswirkungen der österreichischen Ernährung am Beispiel der Treibhausgasemissionen. Analyse, ökonomische Auswirkungen und Optimierungspotentiale unterschiedlicher Ernährungsweisen und Produktionsverfahren; Dissertation Universität für Bodenkultur, Wien 2005

3 siehe: „Ökolandbau weit effektiver als herkömmlicher". Auf: ORF Online science, 13.7.2006. Zugriff: 20.11.2006

4 Sinabell F, Salhofer K, Karagannias G: „Technical efficiency of conventional and organic farms: some evidence for milk production", ÖGA Tagungsband, 2006

5 Eberle U, Fritsche R, Hünecke K, Wiegmann K: „Ernährungswende. Umweltauswirkungen von Ernährung – Stoffstromanalysen und Szenarien". Öko-Instituts e.V. Darmstadt/Hamburg, 2005

6 Thielke R: „Essen gegen die Hitze?". In: Focus 9, S. 28, 2007

7 Taylor C: „Ökologische Bewertung von Ernährungsweisen anhand ausgewählter Indikatoren", Dissertation Justus Liebig Universität Gießen, 2000

8 Naturschutzbund Deutschland: Leistungen des Ökolandbaus für Umweltschutz und Nachhaltigkeit; Hintergrundpapier Juli 2002. Download unter: www.nabu.de/m01/m01_02/00563.html; Zugriff am 23.2.2007

9 siehe: „Was bringt der Öko-Landbau für die Umwelt?", Bund Ökologischer Lebensmittelwirtschaft. Auf: www.boelw.de/biofrage_21.html; 2006. Zugriff: 13.3.2007

10 Heintze D: „Fliegende Kartoffeln – Bioprodukte aus aller Welt mit zweifelhafter Ökobilanz". Auf: ZEIT-online-Wirtschaft; www.zeit.de/archiv/2002/22/200222_denree.xml?page=all; Zugriff am 23.2.2007

11 Gupfinger H, Mraz G: Prost Mahlzeit! Deuticke Verlag

12 Daxbeck H, Holler C: „Die 4 Dimensionen der gesunden Ernährung" (Projekt KomKon), Fachbericht im Auftrag MA15-Gesundheitswesen und Soziales, Ökokauf, Wien 2005

13 Salmhofer C: „Konsumpatriotismus alleine schützt das Klima nicht", Klimabündnis Österreich. Auf: www.klimabuendnis.at/root/start.asp?ID=9924. Zugriff: 23.2.2007

14 Hahn K: „Welche Paradeiser kommen aus dem Paradies?". Arbeitskreis Energie und Klimaschutz Burgenland; 2005 http://doku.cac.at/tomatsolartikel2005.pdf. Zugriff am 23.2.2007

15 Jungbluth N: „Nahrungsmittelkonsum und Umweltfolgen". In: GAIA Vol.8(1): S. 64-65, Konstanz, St. Gallen, Zürich, 1999

16 Körber K, Kretschmer J: „Zukunftsfähige Ernährung", ERNO, 1(1) S. 39-46, 2000

Kapitel Tolle Knolle

12 Wenn schon fertig, dann richtig

1 „Was ist los mit Bio-Olivenöl", Stiftung Warentest, 9/2005

2 „Olivenöl: Neuer Feinschmecker-Test entlarvt Billigware", Servicezeit:Kostprobe, WDR-Fernsehen, Sendung vom 11.4.2005

3 „Olivenöle - oft nur Mittelmaß". In: Ökotest. Jahrbuch 2005

4 „Olivenöl ‚nativ extra' selten Spitzenklasse", Stiftung Warentest, 2002

5 Andreas März, „Olivenöl-Test-Skandal". In: Weinzeitschrift Merum, 2005

6 Gourmetessen 2006, Rangliste „Olio", Hochschule Wädenswill/November 2006

7 Quelle: Informationsgemeinschaft Olivenöl, siehe: www.olivenoel-info.de, Zugriff: 17.11.2006

13 Grand Reserve Ökologique

1 siehe: Bio-Austria, Produktionsrichtlinien, Juni 2006, S. 61 ff.

2 siehe: Bio-Austria, Produktionsrichtlinien, Juni 2006, S. 61 ff.

3 Berkelmann-Löhnertz Beate: „Kupferersatz im ökologischen Weinbau: Entwicklung und Anwendung neuer Formulierungs- und Produktionstechnologien für den praxisgerechten Einsatz bakterieller Antagonisten", Institut für Pflanzenpathologie und Pflanzenschutz der Universität Göttingen 2004

4 Mehofer Martin: „Bioweinbau im Jahr 2004: Ein kritischer Rückblick als Vorbereitung auf das Jahr 2004". In: Der Winzer, 2/2005

5 siehe: „2.10.5.2 Most- und Weinbehandlungsmittel". In: Richtlinien für den Bio-Weinbau, Hrsg: Ernte für das Leben, Österreich 2006

6 Jancis Robinson, Oxford Weinlexikon, S. 314

7 siehe etwa: www.brennereibedarf.de, www.turbohefe.de, www.leo-kuebler.de, Zugriffe am 30.8.2005, oder der weltgrößte Hersteller, die Firma Lallemand

8 siehe www.thonhauser.net/d/wein_hefe_p.asp, Zugriff am 30.8.2005

9 Vortrag vor der ARGE Kellermeister, 23.2.2005, Wilfersdorf, Weinviertel

10 siehe: „Österreichs Bioweine international erfolgreich", Presseaussendung der Weinmarketinggesellschaft, Februar 2007. Auf: www.neuausoesterreich.at/aktuell/info_bioweine.html, Zugriff: 7.3.2007

11 Punkt 8.2. Zugelassene Additiva (Hilfsmittel und Zusätze). In: Demeterbund Österreich Kellereirichtlinien, 2006

14 Alles Essig

1 Beltz H-D: Lehrbuch der Lebensmittelchemie, 4. Aufl, S. 889 ff. Springer Verlag 1992

2 Essig selbst gemacht, Verlag: Stocker; 3. Aufl. 2001, www.essig.at

3 „Essig – Süß saure Variationen". In: Konsument Heft 8/2004

4 „Essig nur so gut wie seine Rohstoffe". Auf: Schrot&Korn: www.schrotundkorn.de/1998/sk9804e1.htm (Zugriff am 2.3.2007)

15 Weiße Unschuld

1 siehe: RollAMA Motivanalyse, Bioprodukte, Agrarmarkt Austria Marketing, Wien 2005

2 siehe etwa: „Milch ohne Gentechnik – es geht doch!". Auf: www.naturkost.de, aktuelle Meldungen vom 1.8.2005. Zugriff: 20.2.2007

3 „Hofer-Marke ‚Zurück zum Ursprung' ist nicht Bio", Bio-Austria, Presseaussendung vom 22.11.2006, Wien 2006

4 Schaeren W, Maurer J, Luginbühl W: „Kaum Unterschiede zwischen Silo- und silofreier Milch". Forschungsanstalt Agroscope Liebefeld-Posieux (ALP), Agrarforschung 12 (11-12), Forschungsanstalt Agroscope Liebefeld-Posieux (ALP) 2005, S. 34-39

5 Fossy H: „Anmerkungen zur Milchqualität aus der Sicht der Verarbeitung". In: Tagungsband zum 3. Boku-Symposium Tierernährung, Fütterungsstrategien und Produktqualität, Wien 2004

6 Adriaansen-Tennekes R, et al.: „Milchqualität und menschliche Gesundheit. Gibt es Unterschiede in der Erzeugung?". In: Lebendige Erde, 6/2005

7 siehe etwa: „Heumilch, mehr als ein Verkaufsgag". In: Grünes Land, Zeitschrift für eine Ökologische Agrarpolitik. Nr. 2/September 05, Linz 2005

16 Maja summ herum

1 Test: „Honig: Nicht Natur pur". Auf: www.oekotest.de, vom 14.3.2002. (Zugriff: 2.3.2007)

2 siehe: Honig – Verbraucherzentrale Südtirol. Auf: www.verbraucherzentrale.it/2b/v114d120.html Zugriff: 2.3.2007

3 Fritz B, Schroeder A: „Rückstandsuntersuchungen in Bienenprodukten". In: Bericht der Landesanstalt für Bienenkunde der Universität Hohenheim für das Jahr 2006

4 siehe Deklaration des Kantonslaboratorium Basel vom 19.9.2003: „Honig/Rückstände von Antiparasitika und Imkerei-Hilfsstoffen"

5 Pressemeldung Bayrische Rundschau: www.bjrundschau.com/2004-43/2004-43-yw-6.htm

6 Plakholm G: EU-Verordnung (EWG) Nr. 2092/91 konsolidierte Fassung, 60. Aufl., 2006

7 Bioland Bundesverband: „Biotier Biene". In: Broschüre „Biotiere – Fakten, Wissenswertes, Vergleiche"

17 18 Ich wollt, ich wär ein Freilandhuhn

1 Greßl M. AMA-Marketing GmbH: „Qualitäts-und Marktoffensive bei Ei und Geflügel", Vortrag bei Wintertagung 2007 des Ökosozialen Forums Wien. Download unter: www.oesfo. at/static/mediendatenbank/root01/Veranstaltungen%20Downloads/WT%202007/Gressl.doc; Zugriff am 5.3.2007

2 Österreichisches Lebensmittelbuch 3. Aufl.; Codexkapitel A8; Absatz 4

3 Bio Austria: „Bio-Geflügel: Vom Ei bis zur Gans". In: Bio Austria Fachzeitschrift für Landwirtschaft und Ökologie. Wien für das Jahr 2006

4 Mailauskunft Mag. Franz Waldenberger, Bio Austria, Produktmanagement Geflügel; am 7.3.2007

5 Verein gegen Tierfabriken: „Billig-Eier in der Spitzengastronomie?" Presse/News 10/2006 Download unter http://www.vgt.at/presse/news/2006/news20061012.php; Zugriff am 5.3.2007

6 KT-Freiland-Verband: „Käfig-, Boden-, Freiland- oder Bio-Ei". Presseinformation 26.2.2002

7 Verein gegen Tierfabriken: „Billig-Eier in der Spitzengastronomie?" Presse/News 10/2006. Download unter http://www.vgt.at/presse/news/2006/news20061012.php; Zugriff am 5.3.2007

8 Homepage Toni Hubmann: www.toni.at

9 Pitsch Marion: „Bio-Hühner und Bio-Puten: Eine Alternative mit Potential". In: Ökologie und Landbau 141, 1/2007

10 Homepage Firma Wech: www.wech.at

19 ESL-Milch ist kuhl

1 Forum Ernährung Heute: „Milchtrend: frisch und haltbar"; http://www.forum-ernaehrung. at/cms/feh/dokument.html?ctx=CH0112&doc=CMS1145603177107. Zugriff am 18.2.2007

2 siehe auch: Dyck B: ESL-Milch – Herstellung und Chancen. In: Deutsche Milchwirtschaft 15, S. 638-639, 1999

3 Gallman P, Eberhard P, Sieber R: Vor- und Nachteile der ESL (Extended Shelf Life)-Milch. In: AGRARForschung 8, S. 112-117, 2001

4 Gallman P, Eberhard P, Sieber R: Vor- und Nachteile der ESL (Extended Shelf Life)-Milch. In: AGRARForschung 8, S. 112-117, 2001

5 Demeter Richtlinien Kap. IV.5: Richtlinie für die Anerkennung von Demeter Milch- und Milcherzeugnissen; Revisionsdatum 27.12.2006

6 Eysel-Zahl G: Wissenschaftliche Erkenntnisse zur Milchqualität. In: Wissenstransfer, Forschungsring für Biologisch-Dynamische Wirtschaftsweise e.V., 2006. Auf: www.forschungsring.de/index.php?id=114. Abfrage 12.12.2006

7 Bergamao P et al.: „Milchproduktion. Überwachung von Qualität und Sicherheit in biologischen Lebensmitteln". Forschungsinstitut für biologischen Landbau (FiBL), 2005

8 Gallman P, Eberhard P, Sieber R: Vor- und Nachteile der ESL (Extended Shelf Life)-Milch. In: AGRARForschung 8, S. 112-117, 2001

9 „Möglicher Zusammenhang zwischen Homogenisierung und Kuhmilch-Allergie". Auf: www.bionetz.ch/news/hintergrund/2003/bground094.htm. Abfrage 12.12.2006

10 Beck A: „Die Homogenisierung von Milch und ihre Bedeutung für Allergie gegen Kuhmilch". Medizinisch-Pädagogische Konferenz, 19, S. 28–38, 2001

20 Champion Champignon

1 siehe: „Öko-Champignons – ein europäisches Projekt". Auf: www.oeko-berater.de/oeko-champignons.html. Zugriff: 26.2.2007

2 siehe etwa: Ziegler T: „Früchte des Waldes. Ein paar Details zum EG-Pseudo Bio im Pilzanbau". Auf: home.arcor.de/biopilze1/bio.htm; Zugriff: 25.2.2007

3 siehe etwa: Schnitzler W.H.: „Ökologie und Biotechnologie von Kultur-Speisepilzen". Vorlesungsskript für Studierende der Gartenbauwissenschaften, TU München-Weihenstephan, 2003

4 „Keine Champions". In: Ökotest, Oktober 2006. siehe: www.woekotest.de/cgi/ot/otgp. cgi?doc=40885. Zugriff 26.2.2007

5 siehe: Richtlinien Bioland, vom 27. November 2006

6 siehe: Bio Austria, Richtlinien, Fassung Juni 2006

7 siehe etwa auf: marktcheck.greenpeace.at/3303.98.html. Zugriff: 9.3.2007

21 1. Klasse in den Tod

1 siehe: www.vierpfoten.at/website/output.php?id=1216&idcontent=1820&somany=30&keyword s=bio
2 siehe etwa: Bio-Austria, Produktionsrichtlinien, Fassung 2006, S. 54
3 siehe EU-VO 2092, S. 69; Pkt. 6.2 des Anhangs 1
4 Verordnung Nr. 1/2005, vom 22. Dez. 2004 über den Schutz von Tieren beim Transport und damit zusammenhängenden Vorgängen sowie zur Änderung der Richtlinien 64/432/EWG und 93/119/EG und der Verordnung (EG) Nr. 1255/97. Siehe: Amtsblatt der Europäischen Union vom 5.1.2005
5 www.vgt.at/projekte/tiertransporte/fakten.php

22 Bio-Ablass für Schnitzel & Co

1 Speisekarte "Biowirtshaus Hirschenwirt" in Salzburg; www.biowirtshaus.at
2 "Vom Schnitzel zur Bio-Nudel".
 Auf: derStandard.at; http://derstandard.at/?url=/?id=2489503; Zugriff am 5.3.07
3 "Vom Schnitzel zur Bio-Nudel".
 Auf: derStandard.at; http://derstandard.at/?url=/?id=2489503; Zugriff am 5.3.07
4 BM für Land- und Forstwirtschaft: Österreichischer Lebensmittelbericht 2006
5 BM für Land- und Forstwirtschaft: Österreichischer Lebensmittelbericht 2006
6 Kiefer I: Erster Österreichischer Adipositasbericht 2006

Kapitel Gesunde Geschäfte

23 Bio-Schmäh ohne?

1 Plakholm G: EU-Verordnung (EWG) Nr. 2092/91 konsolidierte Fassung, 60. Aufl., 2006
2 siehe etwa: "Vorsicht Bio-Schmäh". Bundesministerium für Land- und Forstwirtschaft. Auf: www.biolebensmittel.at/articleview/4065
3 Homepage Unilever Deutschland: "Unsere Werte – Kontrollierte Landwirtschaft"; http://www.unilever.de/ourvalues/umweltgesellschaft/umweltbewusst/kontrolliertelandwirtschaft. asp. Zugriff am 31.3.2007
4 "Der Biotrend steckt fest", SDI-Research. Auf: www.sdi-research.at/aktuell/hintergrund/alles-bio-oder-was.html. Zugriff: 2.4.2007
5 Liste der Kontrollstellen gem. Artikel 15 der Verordnung (EWG) Nr. 2091/91 (2005/C16/01). Download über Homepage der Austria Bio Garantie; http://www.abg.at/dynamisch/richtlini-en_eu/files/Liste%20EU-Biokontrollstellen%202-2007.pdf. Zugriff am 31.3.2007
6 Homepage Bio-Austria; Rubrik "Kooperationspartner". http:www.bio-austria.at/bio_bau-ern_partner/kooperationspartner. Zugriff am 2.4.2007

24 25 Auf Brief und Siegel

1 "Grüne Idylle. Werbung für Lebensmittel". In: Konsument, Heft 7/2004
2 AMA-Gütesiegel-Umfrage, ISMA, Juli 2004
3 siehe: "WWF droht mit Anzeige". In: Wirtschaftsblatt, 15.2.2002, S. A3, und: "Wieder Attacken gegen die AMA". In: Austria Presse Agentur, Journal Lebensmittel, 14.2.2002
4 siehe: "Schwere Vorwürfe gegen das AMA-Gütesiegel". In: Austria Presse Agentur, Journal Nahrungsmittel & Getränke, 21.6. 2001
5 siehe: "Gütezeichen für Lebensmittel", Arbeiterkammer für Wien/Niederösterreich, Wien 2006
6 "Papa, warum ist Sendeschluss?". Presseaussendung Bio Austria vom 18.5.2005. Siehe: www.bio-austria.at. Zugriff: 1.3.2007
7 siehe die Beschwerdeliste auf: www.werberat.or.at, Zugriff: 1.3.2007
8 Bidmon S: 1. Kärntner Biomarkenmonitor, Institut für Wirtschaftswissenschaften, Universität Klagenfurt, 2005
9 siehe: "Gütezeichen für Lebensmittel", Arbeiterkammer für Wien/Niederösterreich, Wien 2006
10 Marktimplementierung des Bio-Siegels, Bundesanstalt für Landwirtschaft und Ernährung, Quartalsbericht 12/2006
11 siehe: "Gütezeichen für Lebensmittel", Arbeiterkammer für Wien/Niederösterreich, Wien 2006

26 Bitte zu Tisch

1 Berechnung Austria Bio Garantie, April 2006
2 Plakholm G: EU-Verordnung (EWG) Nr. 2092/91 konsolidierte Fassung, 60. Aufl., 2006
3 Schmid H.P: "Der Einsatz von Öko-Produkten in der Außer-Haus-Verpflegung". In: Ökologischer Großküchenservice: Endbericht: Einsatz von Ökoprodukten in der Außer-Haus-Verpflegung: Status Quo, Hemmnisse und Erfolgsfaktoren, Entwicklungstrends und poli-tischer Handlungsbedarf. Herausgegeben von Geschäftsstelle Bundesprogramm Ökologischer Landbau in der Bundesanstalt für Landwirtschaft und Ernährung, 2003
4 www.ökolandbau.de: "Kontrollpflicht nach EG-Öko-Verordnung für Betriebe der AHV". Download unter http://www.oekolandbau.de/grossverbraucher/grundlagen/bio-zertifizie-rung/kontrollpflicht-nach-eg-oeko-verordnung-fuer-betriebe-der-ahv Zugriff am 5.4.2007
5 Deutscher Hotel- und Gaststättenverband (DEHOGA) Bundesverband: "Bio mit Brief und Siegel in Gastronomie und Hotellerie", Februar 2007; Download unter http://www.dehoga-bundesverband.de/uploads/publikationen/broschuere_bio_mit_brief_und_siegel2007.pdf Zugriff am 5.4.2007
6 Ökologischer Großküchen Service: Presseaussendung: "Es ist geschafft: Jetzt 1000 Küchen mit Bio-Zertifikat", 30.11.2006

27 Kraut und Rüben

1 Plakholm G: EU-Verordnung (EWG) Nr. 2092/91 konsolidierte Fassung, 60. Aufl., 2006
2 Bundesministerium für Gesundheit und Frauen: Ausnahmeermächtigung gem. Art. 8 Abs. 1 der Verordnung (EWG) Nr. 2092/91 über den ökologischen Landbau, Geschäftszahl: BMGF-75340/0010-IV/B/12/06 vom 5.7.2005
3 Bundesministerium für soziale Sicherheit und Generationen: Runderlass Betrifft: Vermarktung von Erzeugnissen aus biologischer Landwirtschaft – Kontrolle des Handels", Geschäftszahl: 31.901/5-IX/B/12/02 vom 23.1.2002

28 Ohne Zusatzstoffe

1 Plakholm G: EU-Verordnung (EWG) Nr. 2092/91 konsolidierte Fassung, 60. Aufl., 2006
2 Verein food-watch: "Problematische Zusatzstoffe in Bio-Produkten". Presseaussendung am 9.11.2006; Download unter http://foodwatch.de/kampagnen__themen/biolebensmittel/zusatzstoffe/index_ger.html. Zugriff am 27.3.07

29 Böse, böser, E-Nummer

1 Elmadfa I et al.: "GU-Kompass E-Nummern". Gräfe und Unzer Verlag, 2001
2 Arbeiterkammer Wien: "Lebensmittelzusatzstoffe – Ein Leitfaden zu E-Nummern in Lebensmitteln", 2007. Download unter: http://wien.arbeiterkammer.at/www-403-IP-24284-AD-23661.html. Zugriff am 27.2.07
3 Geyer E: "Kompetent mit Konsument. Band 13: E-Nummern. Zusatzstoffe in Lebensmitteln". Hrg. vom Verein für Konsumenteninformation, Wien 2002
4 Plakholm G: EU-Verordnung (EWG) Nr. 2092/91 konsolidierte Fassung, 60. Aufl., 2006
5 Anhang VI Teil A der Verordnung (EWG) Nr. 2092/91 (60. konsolidierte Fassung) übernommen von A. Hozzank: "Betriebsmittelkatalog für die biologische Landwirtschaft in Österreich", hrsg. vom Verein InfoXgen; Jänner 2007

30 Kein Mehrwert ohne Mehrpreis

1 "Ist Bio wirklich besser?". In: trend-spezial, S. 72 ff., August 2006
2 siehe: "Die Natur der Preise". In: Der Standard, Rondo, S. 15, 26. September 2006
3 Hamm U, Aschemann J, Riefer A: "Preiserhebung von ökologisch und konventionell erzeugten Lebensmitteln im allgemeinen Lebensmitteleinzelhandel". Universität Kassel, 2006
4 Delapina M: "Preisvergleich Bio-Produkte", AK-Erhebung, Bericht, Wien 2006
5 Furtmüller J: "Best-Practice-Beispiel: Bio Molkerei Lembach". In: Bartel-Kratochvil R, Putscher J: "Ökologischer Landbau & Regionale Entwicklung" Reader zur Lehrveranstaltung, Institut für Ökologischen Landbau, Boku Wien 2006
6 aus: RollAMA Marktentwicklung Bio, AMA Marketing, 2006
7 Köpke U: "Die Zukunft des Ökologischen Landbaus", Forum 40 Jahre EDEN-Stiftung, Universität Gießen, 2003
8 auf www.ökolandbau.de. Zitiert nach: http://www.bionetz.ch/news/hintergrund/2003/bground114.htm. Zugriff am 23.3.2007
9 "Bioprodukte vom Discounter so gut wie vom Bioladen?". food-monitor, WDR. Presseaussendung vom 16.10.2006
10 Betriebs- und Einkommensdaten 2005 – Vergleich bio mit konventionell, Tabelle 4.3.2. In: Grüner Bericht 2006, gemäß §9 des Landwirtschaftsgesetzes, BGBl. Nr. 375/1992, S. 234, Hrsg: Bundesminister für Land- und Forstwirtschaft, Umwelt und Wasserwirtschaft, Wien 2006
11 Mouron P, Carint D: Erträge und Produktionskosten der heutigen Tafelapfelproduktion in der Schweiz, ETH Zürich, LBL Lindau ZH, 2003
12 Hamm U, Aschemann J, Riefer A: Preiserhebung von ökologisch und konventionell erzeugten Lebensmitteln im allgemeinen Lebensmitteleinzelhandel. Universität Kassel, 2006

31 So fair, so bio

1 Meise S: "Wie bio ist fair trade?". In: Schrot und Korn 12/2006
2 Meise S: "Wie bio ist fair trade?". In: Schrot und Korn 12/2006
3 FAIRTRADE: Verein zur Förderung des fairen Handels mit den Ländern des Südens. www.fairtrade.at
4 Richtlinien FairTrade: Download unter: www.fairtrade.at/phps/index.php?thema=fairtrade?zo=fair_trade_kriterien
5 FLO-Cert GmbH, www.flo-cert.net

Kapitel Grüne Erde

32 Heile Welt

1 Klenk F: "Dummheit und Gier" . In : Falter 28/02, Wien 2002
2 "Bio-Bauer gegen Billa-Power". In: trend-spezial 2, August 2002, S. 30 ff, 2002
3 "Analyse der Schwachstellen in der Kontrolle nach EU-Verordnung 2092/91 und Erarbei-tung von Vorschlägen zur Weiterentwicklung der Zertifizierungs- und Kontrollsysteme im Bereich des Ökologischen Landbaus". Hrsg.: Geschäftsstelle Bundesprogramm Ökologischer Landbau in der Bundesanstalt für Landwirtschaft und Ernährung (BLE), Bonn, 2003
4 Austria Bio Garantie: Telefoninterview Dr. Johanna Zollitsch (Qualitätsmanagement) am 17.4.2007
5 "Normales Gemüse als Biogemüse verkauft". In: Salzburger Nachrichten, S. 5, 17.10.2002
6 "Pestizide frisch aufgebrüht", test Stiftung Warentest, 12/2001, S. 76–79, 2001
7 siehe etwa: "Nitrofen in Geflügelfleisch und Eiern", ein Überblick über die Entwicklung auf naturkost.de. http://www.naturkost.de/meldungen/020528n.htm
8 siehe etwa: http://www.wdr.de/themen/gesundheit/1/futtermittel_skandal/index.jhtml
9 Klenk F: "Dummheit und Gier". In: Falter 28/02, Wien 2002
10 siehe: "Kontrollor stolperte über falschen Bio-Weizen". In: Wirtschaftsblatt. S. 8, 27.2.2003
11 siehe: "Seltsames Futter - Garantiert Bio, einige Fälle". In: Umweltschutz, S. 8–11, 11/2006
12 siehe Anklageschrift der Staatsanwaltschaft Krems, vom 16.1.2006, Nr.: 13St9/03g
13 siehe Anklageschrift der Staatsanwaltschaft Krems, vom 16.1.2006, Nr: 13St9/03g
14 siehe etwa: "Das Bioreich Österreich in argen Turbulenzen". In: dlz, 12/2006
15 siehe auch: "Das Bio-Bauernopfer". In: Wirtschaftsmagazin "trend", S. 64–67, 12/2006

33 Oben ohne?

1 Kühne S: „Das Märchen vom Pflanzenschutz". In Zeit-online – Öko Skandal: Die große Bio-Illusion

2 Hozzank A, InfoXGen-Arbeitsgemeinschaft transparente Nahrungsmittel: Betriebsmittelkatalog für die biologische Landwirtschaft in Österreich 2007; S. 75

3 Frederiksen K et al.: Occurence of natural Bacillus thuringiensis contaminants and reisues of Bacillus thuringiensis-based insecticides on fresh fruits and vegetables. Applied and Environmental Microbiology, 72, S. 3445-3440, 2006.

4 Kühne S: „Die Notwendigkeit der Anwendung von Pflanzenschutzmitteln im Ökologischen Anbau", 2005; Download unter: http://www.bba.bund.de/nn_911308/SharedDocs/13__IP/Publikationen/kuehnesymp1.pdf; Zugriff am 21.2.2007

5 Bio-Austria: Produktionsrichtlinien für die biologische Landwirtschaft in Österreich; Fassung Juli 2006

6 Wilbois K: Wird im Bio-Landbau gespritzt?. In: 25 Antworten zum Stand des Wissens im Ökolandbau; herausgegeben vom Bund ökologische Lebensmittelwirtschaft

7 Bioland-Richtlinien im Vergleich zu EU-Ökoverordnung; Download unter: http://www.bio-land.de/fileadmin/bioland/file/wissen/Kompakt/Vergleich-VB11_06.pdf; Zugriff am 21.2.2007

8 Liste der gem. §3 Abs.4 PMG 1997 idgF angemeldeten Pflanzenschutzmittel; Download über: http://w15.ages.at:7778/pls/psmv/pmgweb2§.anmeldungen?z_user=p_scha_h

9 Agentur für Ernährungssicherheit: „Woraus bestehen Pflanzenschutzmittel" www.ages.at

34 C.S.I. Bauernhof

1 Vogl C: „Das Bio-Kontrollsystem in Österreich". In: Groier M: Bio-Landbau in Österreich im internationalen Kontext, Band 2

2 Plakholm G: EU-Verordnung (EWG) Nr. 2092/91 konsolidierte Fassung, 60. Aufl., 2006

3 „Gut dass geprüft wird". Spezial Bio-Kontrolle. In: Schrot&Korn, März 2006

4 Leitfaden zur Kontrolle von Verarbeitungsbetrieben; Austria Bio Garantie

5 Anhang III „Mindestkontrollanforderungen" der Verordnung (EWG) Nr. 2092/91 i.d.g.F.

6 Damm Thomas: „Strenge Kontrolle entlang der Prozesskette". In: „25 Antworten zum Stand des Wissens rund um Öko-Landbau und Bio-Lebensmittel", herausgegeben vom Bund Ökologische Lebensmittelwirtschaft; Nov. 2006

35 Alles unter Kontrolle

1 Plakholm G: EU-Verordnung (EWG) Nr. 2092/91 konsolidierte Fassung, 60. Aufl., 2006

2 Vogl C: „Das Bio-Kontrollsystem in Österreich". In: Groier M: Bio-Landbau in Österreich im internationalen Kontext, Band 2

3 Gerber A: „EG-Öko-Verordnung – Zwischen Verbraucherschutz und Überregulierung". In: Ökologie und Landbau 3/2005; S. 49

4 Schmid Otto: „Umsetzung der RG-Öko-Verordnung – Gleichwertigkeit statt Gleichschaltung". In: Ökologie und Landbau 3/2005, S. 46-48

5 Vogl C, Darnhofer I: „Das Bio-Kontrollsystem in Österreich: Funktionsweise, Stärken, Schwächen und Handlungsbedarf". Vortrag bei der Wintertagung 2003 des Ökosozialen Forums Österreich, Hollabrunn 2003

6 „Bio-Transparenz", Initiative der Arge Bio-Regionen Österreichs, Kremsmünster 2004

7 Frühschütz L: „Kein Vorbild: Biokontrolle in Andalusien". In: Biohandel, 5/2003. Auf: http://bionetz.ch/news/hintergrund/2003/bground099.htm. Zugriff: 14.2.2007

8 siehe: Schmidt W: „Noch mehr Kontrolle oder mehr Eigenverantwortung?", Forschungsring e.V., Wissentransfer. Auf: http://forschungsring.de/index.php?id=322. Stand: 26.7.2006

9 Schmid J: „Der Ausstieg aus dem Biolandbau in Österreich. Ergebnisse einer Befragung". Diplomarbeit, Betreuer: Schneeberger W, Institut für Agrar- und Forstökonomie, Boku Wien, 2005

36 Nur bei meiner Ehr?

1 Plakholm G: EU-Verordnung (EWG) Nr. 2092/91 konsolidierte Fassung, 60. Aufl., 2006

2 Bio-Austria: „Produktionsrichtlinien für die biologische Landwirtschaft"; 2006

3 Liste der Kontrollstellen gem. Art. 15 der Verordnung (EWG) Nr. 2091/91 (2005/C16/01)

4 Auskunft Austria Bio Garantie; Jahresbericht 2006

5 Plsek Karl, BMGF Abt. IV/7; Mailinformation bzgl. Anzahl Bio-Kontrollbesuche 2005

6 Vogl C: „Das Bio-Kontrollsystem in Österreich". In: Groier M: Bio-Landbau in Österreich im internationalen Kontext, Band 2

37 Umwelt im Programm

1 siehe auch: Pirklhuber W, „Programm zur ländlichen Entwicklung 2007–2013", Positionspapier der Grünen, 2006

2 siehe auch: Schmid E, Sinabell F: Organic farming and the new CAP - results for the Austrian agricultural sector, Paper für den EAAE Congress The future of rural europe in the agricultural economists, Copenhagen 2005

3 Agrarumweltprogramm ÖPUL – Teilnehmer, Flächen und Prämien (EU, Bund, Länder), Tabelle 5.1.13. In: Grüner Bericht 2006, S. 246. BMLFUW, Wien 2006

4 Evaluierungsbericht 2005. Update-Evaluierung des Österreichischen Programms für die Entwicklung des ländlichen Raumes, BMLFUW, Wien 2005

5 Burtscher H: Kein Gift in unserem Essen. Auf: http://www.global2000.at/pages/pestein-satz_steigt.htm

6 siehe auch: „Der Grüne Pakt – ÖPUL neu. Ein falsches Signal für die Zukunft." In: Unabhängige Bauernzeitung, 04/06, S. 6ff, 2006

38 Karges Brot

1 Freyer B: Biologische Landwirtschaft – Zwischen Ethik und Wirtschaftlichkeit. In: Bio Austria 1. Bio Austria-Zukunftstagung Biologische Landwirtschaft – Schlüsseltechnologie des 21. Jahrhunderts, Wien 2006.

2 Betriebs- und Einkommensdaten 2005 – Vergleich bio und konventionell, Tabelle 4.3.2. In: Grüner Bericht 2006, gemäß §9 des Landwirtschaftsgesetzes, BGBl. Nr. 375/1992, S. 234, Hrsg: Bundesminister für Land- und Forstwirtschaft, Umwelt und Wasserwirtschaft, Wien 2006

3 in: „Ist Bio wirklich besser?", trend spezial 3 – August 2006, S. 72–92, 2006

4 Kaliski O, Kratochvil R, Kirner L: „Ökonomische Aspekte einer großflächigen Bewirtschaftung nach den Prinzipien des Ökologischen Landbaus dargestellt am Beispiel der Region Mostviertel-Eisenwurzen (Ö)". In: Freyer B, Beiträge zur 7. Wissenschaftstagung zum Ökologischen Landbau, S. 381–384. Universität für Bodenkultur, Institut für Ökologischen Landbau, Wien 2003

5 in: „Biobauern und die Krise in der Landwirtschaft". Auf: ORF ON Sciences, http:science.orf. at/sience/news/6961, Abfrage am: 29.1.2007

39 Klein, fein, bio

1 siehe etwa: Plakholm G: EU-Verordnung (EWG) Nr. 2092/91 konsolidierte Fassung, 60. Aufl., 2006

2 siehe: „Struktur der Biobetriebe 2005", Tab 3.1.13a. In: 47. Grüner Bericht 2005, S. 197, BMLFUW, Wien 2006

3 Eder M, Breuer G: „So wirkt sich das neue ÖPUL auf unsere Betriebe aus!". In: top Journal 6/2006, S. 8 ff. 2006

4 Pressemeldung von: Die Umweltberatung: „25% Bio in allen Landeseinrichtungen" vom 7.5.2003

5 Zehetgruber R: „Bedeutung der Regionalität beim Einsatz von Bio-Lebensmitteln in der Gemeinschaftsverpflegung", Vortrag Okt. 2004; Download unter: http://www.boku.ac.at/oekoland/MitarbeiterInnen/Kratochvil/Regionale_Entwicklung/Seminar_Innovation2004/RK_Grosskuechen_Zehetgruber.pdf

6 Telefonauskunft Mag. Rössler; Magistratsabteilung 10A am 22.2.2007

7 Telefoninterview DI Weilbuchner, Qualitätsmanagement Verkehrsbüro Kulinarik

8 Wurmdobler C.: „Fettes Brot". In: Falter, Stadtzeitung Wien, Heft 18/02 vom 1.5.2002

9 Pressemeldung Krankenanstaltenverbund: „Wiener Krankenanstaltenverbund serviert Bio-Gebäck". Download unter: http://www.wienkav.at/kav/texte_anzeigen.asp?ID=2123; Zugriff am 22.2.2007

40 Raus aus der Globalisierungsfalle

1 De Witt J, Verhoog H, Prins U: „Why regionality is an important value in organic agriculture: the case of netherlands", 2006. Auf: http://www.orgprints.org/7319

2 siehe Grüner Bericht 2006, gemäß §9 des Landwirtschaftsgesetzes, BGBl. Nr. 375/1992, S. 234, Hrsg: Bundesminister für Land- und Forstwirtschaft, Umwelt und Wasserwirtschaft, Wien 2006

3 siehe: www.meinklang.at

4 „Wirtschaftlicher Durchbruch für Bio-Fachhandel im Jubiläumsjahr", Presseaussendung Bio Austria vom 13.6.2006, siehe: http://www.bio-austria.at/bio_austria/presseinfo/13_06_2006.html

5 Ziegler D: „Branchen-Spezial Bio", Werbung. Seven One Media, München 2005

6 „Balance zwischen Regionalisierung und Globalisierung". Aus: 25 Fragen zu Biolebensmitteln, Bund Ökologischer Lebensmittelwirtschaft. Auf: http://www.boeöw.de/biofrage_17.html

7 aus: RollAMA Motivanalyse, Bioprodukte, AMA Marketing, 2005

41 Steinewerfen im Glashaus

1 Kompetenzzentrum Ökolandbau Niedersachsen: „Gärtnertreffen im Betrieb Clausen bei Delmenhorst". http://www.oeko-komp.de/index.php?id=1593&languageid=1

2 Demeter-Bund e.V. „Richtlinien für die Anerkennung der Demeterqualität", April 2004

3 Bio Austria: „Produktionsrichtlinien für die biologische Landwirtschaft in Österreich", Juli 2006

4 Hahn K: „Welche Paradeiser kommen aus dem Paradies?" Arbeitskreis Energie und Klimaschutz Burgenland; 2005. http://doku.cac.at/tomatsolartikel2005.pdf. Zugriff am 23.2.2007

42 Freier Auslauf

1 siehe etwa: „Anbindestall". Auf: de.wikipedia.org/wiki/Anbindestall

2 Schneeberger W et al.: „Biomilch. Richtlinien – Produktion – Struktur – Markt". Interdisziplinäres Projekt Ökonomik, Boku Wien, 2004

3 Hörning B et al.: Status Quo der Ökologischen Rinderhaltung in Deutschland. In: Heß J und Rahmann G (Hrsg): Beiträge zur 8. Wissenschaftstagung Ökologischer Landbau, Kassel, S. 355 f., 2005. siehe: www.orgprints.org/3682/

4 „Stellungnahme der Gesellschaft für Ökologische Tierhaltung e.V. (GÖT) zur Tiergerechtheit der EU-Verordnung über den Ökologischen Landbau", D-34628 Willinghausen, 2004

5 siehe: Österreichischer Lebensmittelkodex, Kap. A8, Teilkap. B, Punkt 6.1.6 ff.

6 Umweltbundesamt: „Das neue Bundestierschutzgesetz". Auf: www.umweltbundesamt.at/umweltschutz/landwirtschaft/gap_reform/tierschutzgesetz/5097

7 „Stellungnahme der Gesellschaft für Ökologische Tierhaltung e.V. (GÖT) zur Tiergerechtheit der EU-Verordnung über den Ökologischen Landbau", D-34628 Willinghausen, 2004

8 siehe etwa: „Öpul neu: Was noch zu beachten ist", Biozentrum Steiermark. Auf: www.bio-austria.at/bundeslaender/steiermark, Zugriff: 5.3.2007

9 „Struktur der Biobetriebe 2005". In: Grüner Bericht 2006, Bundesministerium für Land- und Forstwirtschaft, Umwelt und Wasserwirtschaft, Tab 3.1.13b, 2006

10 siehe: Bio Austria, Produktionsrichtlinien für die biologische Landwirtschaft, Fassung Juli 2006, Punkt 3.10.2. ff.

11 Bartussek H: „Tierhaltung und Stallbau in Biobetrieben – Fortschritt und Beharrung in der Entwicklung der vergangenen 3 Jahrzehnte". Aus: Freiland-Journal, 2, 2005. Auf: http://www.freiland.or.at/wissen_journal_tierhaltung.php. Zugriff: 10.3.2007

12 „Rechenstiftbiologische Landwirtschaft". In: „Ist bio wirklich besser?", Wirtschaftsmagazin trend, trend spezial 3, S. 86, 2006

Kapitel Besser leben

43 Vielen Tank, für die Blumen

1 siehe EU-Biotreibstoffrichtlinie 2003/30/EC und Novelle der österreichischen Kraftstoffverordnung 417/2004 des Wirtschaftsministeriums

2 „Bio-Image darf nicht angezapft werden!". Pressemeldung von Bio Austria, 25.7.2005

3 siehe etwa: „Zukunftschance Biosprit. Potentiale und Ressourcen". Landwirtschaftskammer Österreich

4 siehe etwa: „Biotreibstoffe – eine Option mit beschränktem Potential". In: Neue Zürcher Zeitung vom 21. September 2005. Auf: www.nzz.ch/2005/09/21/ft/articleD5NBC.print. html, Zugriff: 6.10.2005

5 Pimentel David: „Energy and dollar costs of ethanol production with corn". M. King Hubbert Center for Petroleum Supply Studies, 1998
6 „Response to David Pimentel biodiesel life cycle analysis", National Biodiesel Board, 2005
7 siehe: „EU hat den falschen Weg eingeschlagen", Meldung von ORF Online. Auf: www.orf. at/061123-6310/6311txtstory.html. Zugriff: 24.11.2006
8 „Rapssaat im Sog sinkender Rapsöl-Preise", Markt Aktuell von Agrarberatung Hessen. Auf: www.agrarberatung-hessen.de/markt/aktuell/0101_2007q1/0...
9 siehe: „Biokraftstoffe". In: Agrarpolitik 2004/05, Landwirtschaftskammer Österreich. S. 92 ff, 2005
10 „Versorgungsbilanz für Ölsaaten 2004/05 (in Tonnen)". In: Grüner Bericht 2006, Tabelle 2.1.16, Bundesministerium für Land- und Forstwirtschaft, 2006
11 „Agrana hat den Einstieg in die Bioethanolproduktion beschlossen". Agrana-Pressemeldung vom 12.5.2005, und: „Bauern noch sehr zurückhaltend". In: Kurier, 17.3.2007
12 „Biosprit wird die Brotpreise kräftig anheizen". In: Kurier, 23.3.2007, S. 19

44 Bestechende Logik

1 siehe etwa: „Biotattoos – der Traum vom vergänglichen Körperschmuck". In: Tätowier Magazin, 6/1997
2 Aktenzeichen 7c 223/99, Amtsgericht Trier. Siehe: „Urteil zu Bio-Tattoos". In: Tätowier Magazin 2000
3 „Ewige Last", Ökotest, August 1998
4 siehe: „Bio und Henna: vergängliche Tattoos". Auf: LIFELINE, Medizin im Internet. www. lifeline.de/llspecial/kosmetik_Styling/Piercin_tattoo/content-129212.html. Zugriff 27.3.2007
5 Fuchs T: „Henna-Tattoos: Das ist zu beachten". Arbeitsgemeinschaft ästhetische Dermatologie und Kosmetologie. Auf: www.adk-online.org/wms/adk/hautberatung/tattoos&action=print. Zugriff: 27.3.2007
6 „Gefahr durch Henna-Hautmalerei" Auf: www.konsument.at, 19.7.2005. Zugriff: 27.3.2007

45 Von Natur aus schön

1 Verein für Konsumenteninformation, Presseaussendung: „Naturkosmetik: Natur pur?" 23.2.2007; http://www.ots.at/presseaussendung.php?schluessel=OTS_20070223_OTS0034&ch=wirtschaft. Zugriff am 4.4.2007
2 www.bioboom.de: „Natürlich schön, aber was ist eigentlich Naturkosmetik?" http://www.bioboom.de/wissen/verbrauchertipps.htm#naturkosmetik Zugriff am 4.4.2007
3 siehe: www.ecocert.com
4 siehe: „Keime drohen", Test 01/2007, Stiftung Warentest. Auf: http://www.stiftung-warentest.de/online/gesundheit_kosmetik/test/1487663/1487663/1486517.html
5 siehe ORF Online „Bakterien in Bio-Kosmetik", am 14.4.2004. Auf: www.orf.at. Zugriff: 4.4.2007
6 siehe: „Kontrolle ist gut, Vertrauen ist besser". Auf: www.kosmetik-transparent.at/getcontent_889.aspx. Zugriff: 5.4.2007
7 „Richtlinie Kontrollierte Naturkosmetik" – BDIH. Auf: http://www.kontrollierte-naturkosmetik.de. Zugriff am 4.4.2007
8 Suchanek N: „Was ist kontrollierte Naturkosmetik?", 2001. Auf ECO-World.de http://www.eco-world.de/scripts/basics/econews/basics.prg?a_no=4118 Zugriff am 4.4.2007
9 „Der Natur-Motor läuft wie geschmiert". In: Leben, Kurier, 21.11.2006. S. 25

46 Watt ihr Volt

1 Schanda R: „Rechtsgutachtliche Stellungnahme zu Auslegungsfragen zum Labeling", Sattler & Schanda, Rechtsanwälte, Wien 2004
2 siehe: „Land im Strome", Wirtschaftsmagazin trend 7–8 2005, S. 40 ff.
3 „Strom hat ein Mascherl". Auf: http://marktcheck.greenpeace.at/1535.98.html, Abfrage: 20.11.2006
4 „Ökostrom AG fordert Transparenz am Strommarkt", Presseaussendung vom 16. März 2006 der Ökostrom AG
5 Lugmaier A, Heidenreich M: „Stromkennzeichnung – Konsumentenschutz und Qualitätskontrolle im Wettbewerb", Langfassung zum Themenschwerpunkt 4D: Märkte für Ökostrom, 3. Internationale Energiewirtschaftstagung an der TU Wien 2003

47 Ökologisch schwitzen

1 siehe: www.biohotels.info/biohotel/8200/marketing_biohotels, Zugriff am: 27.3.2007
2 siehe etwa: www.baubiologie.tappeser.de/sauna.htm, Zugriff: 27.3.2007
3 siehe: „Studie: Sanariums-Besuche reduzieren Werte für Entzündungsmediatoren und Cholesterin bei Hypertonikern". In: Ärzte Zeitung, 15.12.2000. Auf: www-aerztezeitung.de/docs/2000/12/15/227a0404.asp
4 Ohry A, Shapiro Y, Sohar E, Shoenfeld Y: Heat stress: Comparison of short exposure too severe dry and wet heat saunas. In: Arch Phys Med Rehabil., 57(3), S. 126–129, 1976
5 Leppaluoto J et al.: „Some cardiovascular and metabolic effects if repeated sauna bathing". In: Acta Physiol Scand, 128 (1), S. 77–81, 1986
6 Imaizumi T et al.: „Safety and efficacy of repeated sauna bathing in patients with chronic systolic heart failure: a preliminary report". In: J Card Fail, 11(6), S. 432–6, 2005
7 Kauppinen K, Kukkonen-Harjula K: „Health effects and risks of sauna bathing". Int J Cirumpolar Health, 65(3), S. 195–205, 2006
8 Harrkonen M et al.: „Alcohol and sauna bathing: effects on cardiac rhythm, blood pressure, and serum electrolyte and cortisol concentrations". In: J Intern med, 231(4), S. 333–8, 1992
9 Kauppinen K: „Fact and fables about sauna". In: Ann N Y Acad Sci, 813, S. 654–62, 1997
10 „Nonsens-Treatments". Auf: www.relax-guide.com/redaktion.php?redak=teaser1.html. Zugriff: 27.3.20007

48 Wie du mir, so ich Tier

1 siehe: „Heimtierpopulation in Österreich". Auf: www.petcom.at/index/marktdaten/heimtierpopulation.html, Zugriff: 28.3.2007
2 siehe: Artikel 1 der Verordnung (EG) Nr. 223/2003 der Kommission vom 5. Februar zur Festlegung von Etikettierungsvorschriften für Futtermittel, Mischfuttermittel und Futtermittel-Ausgangserzeugnisse aus ökologischem Landbau und zur Änderung der Verordnung (EWG) Nr. 2092/91 des Rates

3 siehe: Verordnung des Bundesministers für Land- und Forstwirtschaft, mit der Bestimmungen zur Durchführung des Futtermittelgesetzes 1999 erlassen werden (Futtermittelverordnung 2000), BGBL. II Nr. 93/2000, in den Fassungen der Novellen BGBl. II Nr. 51/2001, 373/2001, 28/2002 und 243/2003 (konsolidierte Fassung)
4 laut Informationen Masterfoods Austria („Whiskas") vom 28.3.2007
5 „Millionen für die Vierbeiner". In: Der Standard, 6.3.2007
6 „Pet Care". In: medianet, Nr.935/07 vom 15.2.2007, S. 26
7 „Risiko im Fressnapf". Test: Hundefutter, Konsument 9, S. 8 ff, 2006
8 „Fit-Menü für wenig Mäuse". Test Katzenfutter. In: Konsument 9, S. 6 ff, 2005
9 „Organic pet foods gets paws up". Auf: www.usatoday.com/money/industries/food/2004-07-13.html
10 siehe „Schadstofffreiheit (Schimmelpilze)". In: Stellungnahme Yarrah – Hundefutter Test Stiftung Warentest. Auf: www.bio-tierkost.de/yarrah_stellungnahme.php
11 Leung MC, Diaz-Llano G, Smith TK: „Mycotoxins in pet food: a review on worldwide prevalance and preventative strategies". In: J Agric Food Chem. 54 (26), S. 9623–35, 2006
12 siehe: „Trockenfutter für Heimtiere kann Schimmelpilzgifte enthalten", Stellungnahme Nr 031/2006 des BfR vom 10. Mai 2006
13 Zutatenliste „Whiskas Bio Multi Box". Eingesehen auf: http://www.zoobi.de/product_info.php/products_id/3088/cPath/2_22_541/whiskas/whiskas-bio-multi-box. . html. Zugriff am 1.4.2007

49 Bio-Masse

1 siehe: www.propellets.at/cms/cms.php?pageName=27, Zugriff: 23.3.2007
2 „Auf dem Holzweg". In: Wirtschaftsmagazin trend, S. 86 ff, 2/2007
3 siehe: „Nationaler Biomasseaktionsplan für Österreich – Begutachtungsentwurf". In: Biomasse – Energie der Zukunft, Schriftenreihe Club Niederösterreich, S. 50 ff, 7/2006
4 Hirschberger P, „Potenziale der Biomassennutzung aus dem österreichischen Wald unter besonderer Berücksichtigung der Fläche der Österreichischen Bundesforste", World Wildlife Fund for Nature 2005
5 Grüner Bericht 2006, gemäß §9 des Landwirtschaftsgesetzes, BGBl. Nr. 375/1992, S. 234, Hrsg: Bundesministerium für Land- und Forstwirtschaft, Umwelt und Wasserwirtschaft, Wien 2006
6 siehe: „Die Holzversorgung für die Industrie sicherstellen. Holz nachhaltig ernten". FHP-Medieninformation. Presseaussendung des Dachverbandes Forst, Holz, Papier vom 10.1.2007
7 siehe: „Holzmobilisierung aus dem Kleinwald. Eine Studie der Scheff GmbH". Dachverband Forst, Holz, Papier, 2006

50 Jute statt Plastik

1 „Der Brunnen soll plätschern", Jahresbericht 2006 des Sorgentelefons der schweizerischen reformierten Arbeitsgemeinschaft Kirche und Landwirtschaft (SRAKLA), 2007
2 siehe: http://atv.at/main/programm/sendungen/magazin_dokumentation.html
3 Schultes GH, Sainz HG: „Fertilität bei Wein- und Obstbauern exponiert gegenüber Pflanzenschutz- und Schädlingsbekämpfungsmitteln in Österreich", Karolina Klinik, Institut für Andrologie und interdisziplinäre Reproduktionsmedizin und Abteilung für Geburtshilfe und Gynäkologie, KH Hollabrunn, 1996
4 siehe etwa: Abell A, Ernst E, Bonde JP: „Semen quality and sexual hormons in greenhouse workers". In: Scand J Work Environ Health. 26(6), S. 492–500, 2000
5 zitiert nach: Kienzl-Plochberger K, Schwaiger E: „Lebensmittel und Gesundheit mit besonderer Berücksichtigung des biologischen Landbaus". Eine Literaturstudie im Auftrag der Magistratsabteilung 22 – Umweltschutz, Wien 1999
6 Bonde JP, Giwerceman A, Larsen SB, Spano M: „Semen quality and sex hormons among organic and traditional Danis farmers". Asclepios Study Group. In: Occup Environ Med., 56(2), S. 139–44, 1999
7 Bonde JP et al.: „Human semen quality in relation to dietary pesticide exposure and organic diet". In: Arch Environ Contam Toxicol, 37(3), S. 415–23, 1999
8 Matscher A: „Einen Bauer als Partner – Sichtweisen und Orientierungen der Frauen in der Gemeinde Ulten in Südtirol". Diplomarbeit, Boku, Wien 2006

Dr. Markus Groll,

geb. 1963 in Wien, ist promovierter Publizistik- und Kommunikationswissenschafter und langjähriger Redakteur beim Österreichischen Wirtschaftsmagazin „trend". Dort betreut er unter anderem Fachbereiche wie Gesundheit, Ernährung, Landwirtschaft und Konsumentenschutz. Zuvor arbeitete er als Mitarbeiter der Wirtschaftsmedien „Wirtschaftswoche", „New Business", „Cash-Flow", im Landesstudio NÖ des Österreichischen Rundfunks (ORF), am Österreichischen Institut für Sozialforschung sowie in diversen Fachmedien.
Ausgezeichnet mit dem „Pressepreis 2004 der Ärztekammer für Wien für hervorragende medizinische Berichterstattung".
Als ausgebildeter Musiker war er unter anderem auch als Pädagoge (BHS) tätig. Co-Autor der Bestseller „Die 50 größten Fitness-Lügen", „Die 50 größten Diät-Lügen", „Die 50 größten Wein-Lügen" (Krenn Verlag).

Mag. Gernot Loitzl,

geb. 1973, ist Ernährungswissenschafter mit langjähriger Erfahrung in der Bio-Kontrolle als Fachbereichsleiter und Kontrollor Österreichs führender Bio-Kontrollstelle Austria Bio Garantie; seit 2006 selbstständiger Unternehmensberater für Betriebliche Gesundheitsförderung, wobei er Firmen bei der Umsetzung innerbetrieblicher Gesundheitsförderungsprojekte berät und unterstützt.

Lügen haben schnelle Beine!

(Wiener Zeitung)

Die 50 größten
Fitness-Lügen

144 Seiten, 120 Farbfotos,
broschiert,
978-3-902351-41-8
€ 16,90

Die 50 größten
Diät-Lügen

144 Seiten, 120 Farbfotos,
broschiert,
978-3-902351-65-4
€ 16,90

Die 50 größten
Wein-Lügen

144 Seiten, 120 Farbfotos,
broschiert,
978-3-902351-84-5
€ 16,90

 **Hubert Krenn VerlagsgesmbH** · Gußhausstraße 18 · 1040 Wien · Tel.: 01-585 34 72
Fax: 01-585 04 83 · E-mail: hwk@buchagentur.at · **Bestellung im Internet: www.hubertkrenn.at**

Aus unserem Programm:

Bestellungen richten Sie bitte an die Hubert Krenn VerlagsgesmbH oder an Ihre Buchhandlung.

Hubert Krenn VerlagsgesmbH · Gußhausstraße 18 · A-1040 Wien
Tel.: 01-585 34 72 · Fax: 01-585 04 83 · hwk@buchagentur.at · www.hubertkrenn.at